D1985034

Ortsgespräch

Markt 4.3.2009

Feigheit als Richtschnur?

Roland Breitenbach

Bei der Feststellung, dass der katholische Machtapparat in Rom im Fall der Piusbrüder schlecht gearbeitet und dem Papst wichtige Informationen vorenthalten hat, darf es nicht bleiben. Der Konflikt reicht tiefer. Wenn ein Kardinal jetzt von einer Welle des „Kirchenhasses“ spricht, dann irrt er. Es sind weniger die Feinde der Kirche, die sich zu Wort melden, sondern die Enttäuschten, die sich in dieser Kirche immer weniger heimisch fühlen.

Betretenes Schweigen oder gar Feigheit als Richtschnur kann es für Katholiken nicht mehr geben. Es gilt in der Kirche, das Erbe der neuen Zeit – Demokratie und Menschenrechte – sichtbarer zu machen. Als einer der wenigen Staaten hat der Vatikan die Charta der Menschenrechte der Vereinten Nationen nicht unterschrieben. Wer soll eigentlich für die Menschen eintreten? Die Kleruskirche kann das nicht, aus der Sicht der einfachen Christen ist sie längst am Ende.

Rupert Neudeck, der Gründer des Hilfswerks Cap Anamur, der einige Jahre dem Jesuitenorden angehörte, schrieb ganz in meinem Sinn: „Einer wie Franz Kamphaus, bis 2008 Bischof von Limburg, fehlt mir. Er verstand seine Bischofswürde nicht ausschließend, trug sie nicht wie einen exklusiven Besitz vor sich her.“

Auf solche Bischöfe warten die Menschen. Sie warten auf einen frischen Wind und darauf, dass neue Talente in die Kirche kommen, die nicht ständig veraltete Traditionen nachbeten, sondern die Zeichen der Zeit erkennen. Damit das noch gelingen kann, sind bei jedem Katholiken endlich Freimut und evangelische Offenheit gefordert. Am Beispiel des verhinderten Linzer Weihbischofs wurde gezeigt, dass das nicht unmöglich ist.

rb@stmichael.de

Roland Breitenbach

Jesus wäre heute ein Palästinenser

Roland Breitenbach

Jesus wäre heute ein Palästinenser

Abschied aus Heiligem Land

Reimund **Maier** Verlag

Bibliografische Information Der Deutschen Bibliothek

Die Deutsche Bibliothek verzeichnet diese Publikation in der Deutschen Nationalbibliografie; detaillierte bibliografische Daten sind im Internet über http://dnb.ddb.de abrufbar

4. Auflage, 2008

1. Auflage, 2006
2. Auflage, 2006
3. Auflage, 2007

© **2006**
Reimund Maier Verlag, Schweinfurt

Layout, Satz, Gestaltung: Reimund Maier Satz & Grafik, Schweinfurt
Druck und Verarbeitung: Memminger MedienCentrum, Memmingen
Printed in Germany

ISBN 978-3-926300-56-0

Jesus brachte das Feuer,
die Kirche schürte den Scheiterhaufen.
Jesus brachte den Geist,
die Kirche entwickelte Glaubenssätze.

Vorwort

AUF DEN ERSTEN BLICK ist die Bilanz zum Beginn des 3. nachchristlichen Jahrtausends erschreckend. Weniger als zwanzig Prozent der deutschen Katholiken, knapp zehn Prozent aller Deutschen, sind noch Christen im Sinne der Bischöfe, der überlieferten Dogmen oder des Katechismus.

Entsprechend hoch sind die Kirchenaustrittszahlen, selbst wenn die Kurve abflacht: Jahr für Jahr verlassen Christen ihre Kirche in der Größenordnung einer mittleren Stadt. Dieser Aderlass kann durch die Neu- und Wiedereintritte nicht annähernd ausgeglichen werden. In deutschen Großstädten werden die Ungetauften zur größten „Konfession".

Die Reaktion der katholischen Bischöfe darauf im April 2006 zeigt sich im hilflosen, bürokratischen Amtsdeutsch: „Wer den Austritt aus der katholischen Kirche erklärt, zieht sich die Tatstrafe der Exkommunikation zu." Und: „Die Exkommunikation ist eine Beugestrafe, die zur Umkehr auffordert ..."

Von Aufbruchstimmung, beim Weltjugendtag oder beim Papstbesuch beschworen, kann keine Rede sein. Noch weniger von einer Strategie, die in die Zukunft weist.

Wir erinnern uns: Im Gleichnis Jesu kommt der barmherzige Vater dem verlorenen Sohn ohne jeden Vorwurf entgegen und schließt ihn in seine Arme. Er lässt sogar ein Fest für den Heimkehrer ausrichten gegen den Willen des älteren Sohnes, der brav zuhause geblieben ist.

Die Kirche reagiert auf ihre „verlorenen Kinder" mit Drohungen und Beugestrafen, als könne sie weiterhin von der Macht zehren, die sie einst über die Seelen der Menschen besaß.

Wenn wir in das gesellschaftliche Leben hineinhören, können wir den Ruf nicht überhören, der schon im Psalm 63 ausgesprochen wurde: „Gott, du mein Gott, ich suche dich ..."

Das Monopol der Kirchen, Gott zur Verfügung zu haben, gar unter Verschluss zu halten, zerbricht. Sinnsucher gehen andere Wege. Die Kirche ist darauf wenig vorbereitet. Noch immer wird nach alten Mustern gezählt, werden die brüchigen Strukturen repariert, werden auf fast inflationäre Weise Appelle abgesetzt, dem wahren und unveränderlichen Glauben die Treue zu halten.

Voreilig wird dieser neue Weg der Suchenden als Patchworkglaube bezeichnet, als religiöser Flickenteppich diffamiert, als Relativismus bekämpft.

Hinter den Appellen ist die gespaltene Situation zu entdecken, in der sich Christen befinden. Der Glaube der Bischöfe, der sich zwischen Bibel, Dogmen und Katechismus bewegt, sich in die Buchdeckel der kirchlichen Gesetzbücher einklemmen lässt, ist nicht mehr der Glaube der meisten Christen. Das ist längst bekannt. Die Konsequenzen aus dieser Erkenntnis bleiben allerdings aus.

Die Kirche hat es (noch) nicht gelernt, Abschied zu nehmen von alten Hüten und Hüllen. Eine Rückkehr in die traditionellen Formen und Formeln des christlichen Glaubens wird es nicht mehr geben. Nur wer sich von Altem verabschiedet, kann neues Leben gewinnen. Für das Christentum im 3. Jahrtausend ist es dafür höchste Zeit.

Nicht wenige Christen suchen bereits einen neuen Weg, der sie aus dem bloßen Glaubensgehorsam herausführt: Sie nehmen sich die Freiheit, das zu glauben, was ihnen glaubwürdig und glaubenswert erscheint. In dieser neuen Orientierung finden sie allerdings wenig Beistand, eher wird ihnen ein schlechtes Gewissen gemacht, werden sie zur Umkehr aufgefordert, die nichts anderes als eine Rückkehr in die alten Strukturen und Sätze wäre. Doch die alten Schuhe passen nicht mehr.

Das Positive an dieser Entwicklung wird übersehen: Mit der eigenen, freien Glaubensentscheidung der Christen wächst das Vertrauen auf die Liebe Gottes. Das ist genau der Weg Jesu, der sein ganzes Vertrauen auf Gott, den er zärtlich Vater nennt, gesetzt hat: „In deine Hände lege ich mein Leben!" Der Vertrauensglaube wird der neue Glaube sein.

Die Gedanken dieses Buches sind im Kern bei einer Pilgerreise durch das Heilige Land entstanden, mit der schmerzlichen Erfahrung, dass es dieses Heilige Land nicht gibt; vielleicht so nie gegeben hat.

Das ist ein Bild für die Kirche: Es gibt keine Heiligen Länder mehr. Die alten Landkarten müssen entsorgt werden. Wer auf der Suche nach dem Heiligen ist, braucht über die Tradition hinaus neue Orte, neues Material. Es müssen neue Wege gesucht, neue Straßen gebaut, dunkle Berge, die sich dem Evangelium für unsere Zeit entgegenstellen, abgetragen werden.

Der Abschied von Gewohntem und lieb Gewordenem ist schmerzlich. Es muss ja nicht nur der Abschied ausgehalten, sondern auch eine Zeit der Unsicherheit überstanden werden, bis ein neuer Stand gefunden ist. „Oft muss vor dem Anfang der Anfang vom Ende kommen" sagt der Schweizer Kapuziner Walter Ludin.

Jeder Abschied ist ein kleiner Tod. Nur der Tod schafft neues Leben. Das ist die großartige Vision des Christentums. Sie wird die Zeiten überdauern, weil das Leben aus und durch Gott ewig ist.

Der Glaube braucht eine neue Basis. Ein paar Steine dazu soll dieser Pilgerbericht liefern, der bewusst den Titel gewählt hat: „Jesus wäre heute ein Palästinenser" – Auszug in ein neues Land, wie es vor über 3 000 Jahren das Volk Israel unter der Begleitung Gottes gewagt hat.

Gott hat seinem Volk dieses neue Land gezeigt. Er hat sich selber geoffenbart, als einer „der da ist“. Heute begleitet er uns nicht mehr im Schein einer Wolken- oder Feuersäule. Wir müssen seine Führung eher im Verborgenen suchen und unter kleinen Zeichen finden. Doch Zeichen werden uns gegeben.

Auf diesem Weg durch das „Heilige Land“ werden wir, wenigstens in Teilen, das Christentum neu entdecken. Das ist sehr wichtig, weil der Islam auf der einen Seite, buddhistische Religiosität auf der anderen Seite bereit sind, die leeren Räume zu besetzen, wenn wir sie nicht mit unserem Glauben, unseren Überzeugungen und unseren Erfahrungen füllen.

Zur 4. Auflage

„Jesus ist ein faszinierender Mann“, schreibt John O'Donohue in seinem Buch „Echo der Seele“. Und: „Ich würde alles dafür geben, wenn ich ein Buch lesen könnte, das leider nie geschrieben wurde, die Autobiographie Jesu.“

Es wird ein Geheimnis bleiben, wie Jesu Leben wirklich war. Aber in diesem Buch wird dieses Verborgene an einigen Stellen erhellt. Jesus ist und bleibt der Mensch für uns Menschen. Weil das von Vielen so erfahren wird, ist in der relativ kurzen Zeit bereits die 4. Auflage nötig geworden.

Roland Breitenbach

Es wäre eine Beleidigung Gottes, ihm bei der Menschwerdung Jesu Tricks zuzumuten

AM HELLEN FRÜHSOMMERMORGEN „Stille Nacht“ singen? Wir wagen es, denn der Ort, die kleine Grotte auf dem Hirtenfeld, hat es uns angetan. Längst ist der Weideplatz der biblischen Schafe und Ziegen von Bethlehem und seinen Vororten aufgesaugt worden. Die Engel singen nicht mehr „verherrlicht ist Gott in der Höhe und auf Erden ist Friede bei den Menschen seiner Gnade“ (Lk 2,14). Könnten sie vom Frieden singen, angesichts der gewaltigen Betonmauer auf der gegenüberliegenden Talseite? Können sie vom Frieden singen im Lärm der allgegenwärtigen Gewalt? Die Feindseligkeit, welch ein merkwürdiges Wort, ist hier überall mit Händen zu greifen.

In früheren Übersetzungen des Neuen Testaments kam der Friede noch zu den Menschen, „die guten Willens“ sind. Es kam auf das menschliche Bemühen an, Leistung war demnach schon von Anfang an gefragt. Weihnachten, die

Geburt des Menschenkindes Jesus, verschenkt Gottes Zuwendung und Wohlgefallen ohne Vorleistung und Bedingung. Ein Thema, das sich durch die Frohe Botschaft Jesu verfolgen lässt: Gott stellt sich auf die Seite der Menschen ohne Wenn und Aber, vor allem ohne Bedingungen. Wer sich so in der Liebe Gottes aufgehoben weiß, wird sein Leben danach ausrichten und sich für Frieden durch Gerechtigkeit einsetzen.

Also singen wir aus ganzen Herzen „Stille Nacht“. Zwei Palästinenser, die im kleinen Garten vor der Grotte arbeiten, haben sich aufgerichtet und hören zu. Es muss an uns Deutschen liegen, dass selbst den Skeptikern bei diesem Lied Rührung überkommt; erst recht bei Menschen, die sich nach Heilung und Heil sehnen, wie die seit Generationen unterdrückten Palästinenser.

Bei uns selber schwingt vieles aus der Kindheit mit bis in diese Tage: die ersten Erfahrungen des Geheimnisvollen, die mit Weihnachten verbunden sind und es immer bleiben werden. Doch verkennen wir nicht, dass diese Art von Weihnachtsseligkeit weitab von jenen Hirtenfeldern entstanden ist, in deren Fluren heute Planierraupen tiefe Gräben reißen, über deren Ölbäume Düsenjäger donnern.

Die Armut ist wieder eingekehrt. Die seltener gewordenen Pilgergruppen werden im Zweistundentakt durch die Sperranlagen zur Geburtskirche und den Hirtenfeldern geschleust; da bleibt kaum Zeit, auch nur einen Schekel für ein kleines Geschenk auszugeben. Nur vom Verkauf von Rosenkränzen und Handtaschen können die kinderreichen Familien nicht leben.

Jesus, das Menschenkind aus Gottes Geist. Seine Geschichte unter uns und für uns beginnt in den Evangelien des Lukas und des Matthäus mit dieser Begegnung: Gottes Geist kommt auf die junge Frau Maria herab.

Generationen von Theologen haben sich abgemüht, zu erklären, wie diese Begegnung Maria zur Mutter machen konnte, ohne ihre Jungfräulichkeit zu beschädigen. Als ob es um ein biologisches Wunder gehen sollte; als ob Gott ein Mirakel nötig hätte.

Warum sollte Jesus nicht ganz natürliche Eltern gehabt haben, wie es das Johannesevangelium zitiert: „Ist das nicht Jesus, der Sohn Josefs, dessen Vater und Mutter wir kennen? Wie kann er jetzt sagen: Ich bin vom Himmel herabgekommen?“ (Joh 6,42).

Wir tauschen uns in der Geburtsgrotte über das Bild von der „jungfräulichen Empfängnis“ aus, das in der Antike dazu benutzt wurde, auf besondere Geburten von Götter- und Königskindern hinzuweisen. Aber anders als den Legenden nach, in denen sich die Götter ständig mit irdischen Frauen verbinden, auch gegen deren Willen, kommt Gottes Geist über Maria wie eine geheimnisvolle Kraft. Und sie sagt eindeutig Ja.

Damit wissen wir, wes Geistes Kind Jesus ist. Von diesem Geist wird er ein Leben lang Zeugnis ablegen. Der Geist Gottes wird Jesus am Jordan vor den Menschen ganz ausdrücklich bezeugen: „Du bist mein geliebter Sohn, an dir habe ich Gefallen gefunden“ (Mk 1,11). Später noch einmal vor den drei auserwählten Jüngern auf dem Berg der Verklärung: „Auf ihn sollt ihr hören“ (Mk 9,10).

Es wäre eine Beleidigung Gottes, ihm bei der Menschwerdung Jesu Tricks zuzumuten oder gar faulen Zauber, wie er den antiken Göttern angedichtet wurde. Es gelingt nicht, Gott auf unsere menschliche Ebene herab zu zwingen. Gottes Geist schenkt sich den Menschen, die sich öffnen, die für ihn wie ein jungfräuliches Land sind, wie ein Acker, den er auf seine Weise bestellen will.

Es gilt als Erstes Abschied von der Geburt Jesu aus einer Jungfrau und Mutter zugleich zu nehmen: Eindeutig ja, wenn es um die biologische Missdeutung geht; die Bibel ist schließlich kein Biologie- und kein Naturkundebuch. Das hindert uns nicht daran, Jesus als den Menschen zu bekennen, der aus Gott geboren ist, „in allem uns gleich", wie ein Hochgebet der Eucharistiefeier ausdrücklich sagt.

Wir beten in der Geburtsgrotte das Vaterunser. Gott ist Jesu Vater, wie er unser aller Vater ist. Noch einmal: Mit Biologie hat das nichts zu tun, aber alles mit einer geistlich-geistigen Verwandtschaft, die uns als Töchter und Söhne Gottes zu Erben des Himmels macht. Wie Jesus dürfen wir uns als Söhne und Töchter Gottes fühlen. Welche Religion sagt das in dieser Eindeutigkeit?

Wir haben zur Vorbereitung des Gottesdienstes das Wort an Josef gelesen: „Maria wird einen Sohn gebären; ihm sollst du den Namen Jesus geben; denn er wird sein Volk von seinen Sünden erlösen" (Mt 1,21). In diesem Namen Jesus, Jeschuah in der hebräischen Fassung, ist der erklärende Folgesatz verborgen: „Gott wird erlösen", das bedeutet sein Name. Die Sendung wird klar: Gott selber handelt durch Jesus Christus. Er ist gekommen, um zu retten, nicht um zu zerstören. „Seht, der Retter ist da!" Dieser Liedvers wird noch lange in uns nachklingen.

Gott hat alles vollbracht, was uns Menschen nottut. Wir müssen nur danach greifen und endlich begreifen, dass wir erlöst sind. Ein für alle Mal. „Warum", so fragt mich einer aus der Gruppe, „wird uns, den Erlösten, immer wieder die Notwendigkeit der Erlösung gepredigt?"

Helles Sonnenlicht empfängt uns, als wir die Höhle verlassen. Unsere Augen müssen sich erst noch daran gewöhnen. Auf der Seite gegenüber dem Wadi dröhnen unüberhörbar die mächtigen Bulldozer. Menschen bauen weiter gegen Menschen an der Sperranlage zwischen Israel und palästinensischem Land; zerstören weite Felder mit uralten Ölbäumen, schneiden die Menschen von ihren Wasserquellen ab. Das ist die Realität an der Stelle, wo die Engel vom Frieden gesungen haben.

Was singen die Engel heute? Mir fällt der Psalmvers wie ein Hoffnungslied ein: „Mit meinem Gott werde ich Mauern überspringen." Dazu braucht es Visionen, Flügel. Wer sich an die politischen Realitäten klammert, wird sich nicht erheben können.

„Heißt es nicht von Maria", eine Teilnehmerin unterbricht mich in meinen Gedanken, „wie soll das geschehen, da ich keinen Mann erkenne? Wie ist das jetzt wirklich mit dem Josef? Ist er der leibliche Vater von Jesus oder ist er es nicht?"

Im Nu bin ich von der ganzen Gruppe umringt. Der Gottesdienst in der Geburtsgrotte hat die Pilger und Pilgerinnen betroffen gemacht. Er hat Fragen aufgeworfen, die lange nicht gestellt werden konnten. Deswegen gab es auch immer nur die gleichen Antworten: Jesu Geburt, ein Wunder Gottes.

Zögernd beginne ich: „Nur was man liebt, lernt man wirklich kennen. Unser deutsches Wort ‚erkennen' kann nur sehr dürftig ausdrücken, was es bedeutet, wenn es um die Liebe zweier Menschen geht: ‚Adam erkannte Eva, seine Frau; sie wurde schwanger und gebar Kain', weiß das Buch Genesis (4,1). Im Erkennen erfüllt sich die Liebe zweier Menschen, sodass neues Leben entstehen kann.

Die ganze Tiefe der Geschlechterliebe hatten Josef und Maria im Augenblick der Verkündigung durch den Engel noch nicht erreicht. Liebende wissen, dass die sexuelle Seite allein nicht zur Erkenntnis des anderen führt. Kopf und Herz, alle Sinne müssen beteiligt sein, die ganze Bewegung zum anderen hin. Aber die sexuelle Hingabe kann viel von dem ausdrücken, was die Liebenden bewegt, bis sie außer sich sind, ganz von Sinnen, weil es in ihrem Leben um den letzten Sinn geht.

Das Mädchen Maria war auf dem Weg zu ihrer Liebe. Gottes Wort macht sie sicher, dass es der richtige Weg ist. Dazu sagt sie ja, obwohl sie noch nicht übersehen kann, wohin sie dieses Ja führen wird. Doch Gott, so vertraut sie, ist mit ihr.

Die Botschaft des Engels will nichts anderes sagen: Ein Wort von Gott kann gehört und aufgenommen werden. Es kann auch abgelehnt werden. Das besondere Wort des Engels als Boten Gottes hat den Brückenschlag dieser zwei Menschen, die für unsere Glaubensgeschichte so wichtig sind, sicher beschleunigt. Wenn Gott etwas Besonderes mit Menschen vorhat, spüren sie seinen Geist mit allen Sinnen und Fasern ihres Herzens. Aber sie heben deswegen nicht ab; sie bleiben mit beiden Beinen auf dem Boden.

Josef und Maria wissen, ihre Ehe ist von Gott gesegnet, ihr Kind wird für die Menschen ein Segen sein. Ihre Partnerschaft wird mit einem Kind gesegnet, das ein ganz neues Verhältnis Gottes zu den Menschen verkünden wird: ‚Gottes Reich ist schon mitten unter euch. Seht ihr es nicht? Spürt ihr es nicht?' Es braucht keine Zukunft mehr. Gott ist mit seinem Volk auf leibhaftige, auf menschliche Weise.

Vergessen wir über alledem nicht, dass Josef – wie Maria – eine Botschaft durch den Mund des Engels bekam. Ausdrücklich heißt es nach dieser Begegnung im Traum: ‚Josef nahm seine Frau zu sich' (Mt 1,24). Er übernimmt mit der Vaterschaft auch die Verantwortung für dieses Kind, mit dem Gott Großes vorhat.

Wenn die Bibel von Träumen oder von Engeln spricht, dann sind es Bilder für das besondere Eingreifen Gottes. Sie bestätigen auf eindrückliche Weise die Hoffnungen und die Erfahrungen der Menschen.

Merkwürdig bleibt, wie wenig bedeutsam Josef den Evangelisten erscheint. Er verschwindet bald aus ihren Zeilen und wird nur noch beiläufig erwähnt. Wollte schon die frühe Kirche seine Vaterschaft zu Gunsten der Jungfrauengeburt, die ein bekannter Mythos in der antiken Geschichte war, zurückdrängen?

Josef als ‚Pflegevater' bleibt eher eine dürftige Beschreibung für das, was Josef für Jesus wirklich war: der Vater, der volle Verantwortung für seinen Sohn übernahm. Vielleicht wollten die biblischen Schriftsteller mit ihrer Zurückhaltung eine Verwechslung verhindern und deutlich machen, dass mit der Anrede im Vaterunser, Gott selber gemeint war. Jesus war, wie wir noch feststellen werden, nicht gerade das, was man einen Familienmenschen nennt. Seine Aufgabe war größer und umfassender. Die traditionellen Bande der Sippe hätten seinen göttlichen Auftrag nur blockiert."

Wenig später treffen wir im Babyhospital einen Palästinenser mit seinem Kind auf dem Arm. Der Junge trägt eine Sonde, die durch die Nase eingeführt ist. Trotzdem lächelt das Kind uns zu und deutet mit seinem Händchen auf unsere Gruppe. Sein Lächeln und die kleine Geste lösen bei mir den spontanen Gedanken aus: Jesus wäre heute ein Palästinenser: Arm, klein und schwach gegenüber den Herrschenden; aber groß vor Gott: „Wenn ihr das Reich Gottes nicht annehmt wie ein Kind ..."

Beim Vorbeigehen sagt unser Begleiter, der uns durch das Krankenhaus führt: „Zum Leben haben viele palästinensische Familien oft nicht mehr als einen Dollar am Tag." Seit 1948 gibt es in Bethlehem ein großes Flüchtlingslager. Das Schicksal von Josef, Maria und Jesus wiederholt sich bis in unsere Tage.

Übrigens kennt das älteste Evangelium, das nach Markus, keine Geburtsgeschichte Jesu. Der Evangelist setzt mit der Taufe Jesu ein, um darzustellen, wes Geistes Kind dieser besondere Mensch ist. Gott verbindet sich unter dem Wort „Du bist mein geliebter Sohn" (Mk 1,11) mit dem menschlichen Geschehen.

Jesus redet künftig Gott als seinen Vater an. Das ist für mich der Hintergrund, warum nur noch Johannes in der Auseinandersetzung mit den Gegnern Jesu die Frage zitiert: „Ist das nicht Jesus, der Sohn Josefs, dessen Vater und Mutter wir kennen? Wie kann er behaupten: Ich bin vom Himmel herabgekommen?“ (Joh 6,42).

Irdische Väter haben für Jesus offenbar etwas mit Macht und Gewalt zu tun. Deswegen mahnt er: „Auch sollt ihr niemand auf Erden euren Vater nennen; denn nur einer ist euer Vater, der im Himmel“ (Mt 23,9). Doch die Kirche schmückt sich gegen den Willen Jesu mit Vätern, kennt sogar Heilige Väter. Wenn ich die Bezeichnung für den Papst, den Bischof von Rom, lese oder höre, frage ich mich: Warum nehmen wir das Wort und den Willen Jesu nicht ernst, der uns ausdrücklich gewarnt hat: „Ihr wisst, dass die Herrscher ihre Völker unterdrücken und die Mächtigen ihre Macht über die Menschen missbrauchen“ (Mt 20,25). Dazu gehörten in seiner Zeit auch die Väter.

Auffällig bleibt, dass es in keinem der vier Evangelien eine Beschreibung Jesu gibt. Wir wissen weder etwas von seiner Gestalt noch von seiner Größe, wir kennen seine Haar- oder Augenfarbe nicht. Vermutlich hat er einen Bart getragen wie die Männer damals alle. Mehr können wir nicht sagen.

Diese Zurückhaltung der Evangelien gibt es später nicht mehr. Die früheste Darstellung eines Jesus-Gesichtes erscheint auf dem Abgarbild von Edessa. Es taucht allerdings erst im 6. Jahrhundert auf.

Völlig rätselhaft bleibt bis heute das Schleiertuch von Manoppello, das ebenfalls das Antlitz Jesu zeigen soll. Das Urteil von Fachleuten über dieses Bild ist erstaunlich: „Wenn der Schleier von Manoppello ein menschliches Werk ist, befinden wir uns vor einem wahren Wunder der Technik“, erklärt beispielsweise ein Schweizer Architekt, der sich intensiv mit dem Volto Santo, dem heiligen Tuch beschäftigt hat.

Für mich ist es gut, dass wir kein wirkliches Bild von Jesus haben. Bilder verführen dazu, im Vordergrund zu bleiben. Das wahre Bild Jesu entsteht in seiner befreienden Botschaft, in seinem Leben, vor allem aber in seiner Hingabe: „Es gibt keine größere Liebe, als wenn einer sein Leben für seine Freunde hingibt“ (Joh 15,13).

Im Schalom, im Wort vom Frieden, schwingt die Stimme Gottes mit

MIT DER EVANGELISCHEN WEIHNACHTSKIRCHE zu Bethlehem ist ein kleines Begegnungszentrum verbunden. Palästinensische Frauen versuchen hier ihr Leben zu organisieren und zum Lebensunterhalt ihrer Familien beizutragen. Hier entstehen die Scherbenengel, die über unsere Gemeinde mit großem Erfolg angeboten wurden.

Wir besichtigen die Werkstatt, in denen Frauen diese Flügelwesen, die längst als Glücksbringer anerkannt sind, herstellen. Ein kleines Ereignis mag das verdeutlichen: In der Sorge um ihren Sohn schmuggelte eine Mutter einen dieser Scherbenengel als heimlichen Begleiter in das Handschuhfach seines Autos. Sie ist traurig darüber, dass er derzeit mit Religion nicht viel im Sinn hat. Auf dem Weg zur Universität kommt es zu einem unverschuldeten Verkehrsunfall. Totalschaden. Der junge Mann muss aus dem Wrack herausgeschnitten werden, unverletzt. Der Scherbenengel lag, so berichten die Sanitäter, direkt vor ihm auf der Fußmatte.

Die Scherbenengel in Weiß, Braun, Grün oder Blau sind eine Möglichkeit für etliche Familien, die drückende Armut, die seit der zweiten Intifada herrscht, zu mildern. Intifada bedeutet „abschütteln". Auf gewaltlose Weise wollten die Palästinenser versuchen, die israelische Besatzungsmacht loszuwerden. Seit dem Jahr 2000 währt dieser passive Widerstand, der nicht selten durch Selbstmordattentäter gewaltsam unterbrochen wurde.

Die Intifada hat die großen Erwartungen im Jubiläumsjahr 2000 zunichtegemacht. Die Pilger, millionenfach aus aller Welt erwartet, sind ausgeblieben. Die großflächigen Plakate „Bethlehem 2000, Stadt des Friedens" sind inzwischen vergilbt; die Hoffnungen erstorben. Der Geburtsort Jesu versinkt in bitterer Armut, denn die vielen produzierten Andenken aus Olivenholz liegen auf Halde.

Die Scherbenengel, jeder ist ein Unikat aus Glasscherben, die in Bronze- und Silberstege eingelötet wurden, sind schon deswegen zu Botschaftern des Friedens für Palästina geworden. Sie erzählen in Europa und Amerika die Geschichten einer Hoffnung, die zerbrochen und wiederhergestellt wurde, von zerstörten und verwandelten Träumen, von zerbrochenem und geheiltem Leben, von Visionen des Friedens.

Auf ihre Weise vermitteln die Engel die Friedensbotschaft für ein kleines Land, das sich zwei Völker und drei Religionen teilen und wegen des Unrechts, des Terrors und der Gewalt den Frieden auf friedliche Weise zurückgewinnen muss.

Die arabischen Frauen, Christinnen und Muslime, sind selber zu Engeln des Friedens geworden. „Aber was ist schwerer", fragt eine von ihnen, „als inmitten des Unrechts und der Gewalt die eigenen Kinder zur Versöhnung und zum Frieden zu erziehen? Wie kommen wir gegen die Wut in ihrem Bauch und die Rache in ihrem Herzen an? Der Friede ist für sie wie für uns so fern wie nie."

Die hebräische Bibel, das Erste Testament, kommt mit weniger als 8000 Wörtern aus. Ein ganz wichtiges von ihnen ist „Schalom", bis heute der tägliche Gruß in Israel. Auf der anderen Seite der Mauer grüßen die Menschen mit „Salam", dem Wort mit gleicher Bedeutung in arabischer Sprache.

Ein fleißiger Mensch hat – längst bevor der Computer diese Arbeit übernehmen konnte – nachgezählt: Schalom kommt 237-mal in der hebräischen Bibel vor und noch 87-mal im Neuen Testament. Damit stünde für fast jeden Tag des Jahres ein Friedenswort zur Verfügung. Doch wie weit sind die Menschen nicht nur im heiligen Land davon entfernt!

Schalom ist mehr als Nicht-Krieg, mehr als Waffenstillstand, mehr als erzwungene Ruhe einer Gesellschaft. Das ganze soziale, politische und religiöse Denken und Handeln ist im Schalom eingeschlossen.

Friede bedeutet in diesem weiten Umfang das Heil-Sein des Menschen in seiner Verbindung mit Gott, die Zu-Friedenheit mit sich selbst und die Einheit der Menschheitsfamilie. Schalom ist die große Harmonie, die Gott wirken will.

„Meinen Frieden gebe ich euch", wird Jesus ansagen: „Einen Frieden, nicht, wie die Welt ihn anzubieten hat" (vgl. Joh 14,27). Die Welt huldigt noch immer dem Wahn, Friede könne mit Waffengewalt gemacht werden. Wir bräuchten nicht um Frieden zu bitten; wir müssten den Frieden Gottes nur ergreifen.

Wer Unfrieden sät, zerstört den Schalom Gottes und stört das Zusammenleben der Menschen. Der Schalom Gottes umgreift dazu die ganze Schöpfung; Pflanzen und Tiere. In unserer Sprache benötigen wir ein gutes Dutzend Wörter, von Freiheit über Versöhnung, von Menschlichkeit bis Harmonie, von Wahrheit bis Gerechtigkeit, um auch nur annähernd auszudrücken, was Schalom bedeutet und umfasst.

Das alles denkt und fühlt auch Jesus, wenn er den Seinen wünscht: Friede sei mit euch! Bei Jesus hat der Friede seine Basis in der Gerechtigkeit. Daraus hat sich unsere bis heute unerfüllte Forderung ergeben: Frieden durch Gerechtigkeit; Frieden schaffen ohne Waffen. Beides müssen wir im Heiligen Land auf Schritt und Tritt vermissen.

Die aktuellen Ursachen für das Gerechtigkeitsdefizit im Nahen Osten liegen 60 Jahre zurück. Damals beschloss die UNO, heute wird die Stimme der Staatengemeinschaft in Israel nicht mehr so gerne gehört, in Palästina einen Staat für die Juden einzurichten. Man kann es drehen und wenden: Den dort wohnenden Arabern geschah durch die Staatsgründung über ihre Köpfe hinweg großes Unrecht. Das ist die Wurzel des Konflikts, der bis heute nur Gewalt und wieder nur Gewalt hervorruft.

Die Landnahme Israels, obwohl es ein säkularer Staat ist, wird gerne religiös unterfüttert. Gott selber, so wird auch politisch argumentiert, habe das jüdische Volk in das „Gelobte Land" geführt und es ihm übergeben. Wenn wir bei dieser Argumentation bleiben, dann sollten die Propheten nicht überhört werden, die unermüdlich mahnten: „Schafft Gerechtigkeit und ihr werdet im Land bleiben."

Wer nicht blind und taub ist, muss erkennen, dass der Staat Israel gegenüber den Palästinensern ein massives Gerechtigkeitsdefizit hat. Unrecht hat schon immer zu Unfrieden geführt; der Schritt zur Gewalt liegt gerade bei den Schwächeren nahe. Junge Menschen ohne jede Zukunft wollen sich wenigstens im Terror bestätigt wissen, so irre das auch ist.

Kein Friede ohne Gerechtigkeit. Solange die Staatengemeinschaft, allen voran Amerika, nicht für die Gerechtigkeit sorgt, werden Gewalt und Terror das tägliche Leben im Nahen Osten bestimmen. In dieser Gewalt wird auch eine der wichtigen Seligpreisungen Jesu untergehen: „Selig, die keine Gewalt anwenden, sie werden das Land erben."

Wir spüren, was recht ist, muss noch lange nicht gerecht sein, weil es durch irgendwelche Vorschriften oder Gesetze gedeckt wird. Der Friede bleibt ausgesperrt, solange Unrecht geschieht, durch Schweigen geduldet, oder gar politisch verordnet wird. Die Mauer, die wir in der knappen Woche, in der wir in Bethlehem wohnen, mindestens zweimal täglich passieren müssen, ragt dafür als düsteres, graues Symbol des Unrechts 8 bis 12 Meter hoch in den blauen Himmel.

Robert Frost, Pulitzerpreisträger und einer der bekanntesten amerikanischen Lyriker, schreibt: „Bevor ich eine Mauer baue, sollte ich wissen, was ich einmauere oder ausschließe, und wen ich dadurch kränke ..." Mauern bauen mag menschlich sein; menschlicher ist es, Mauern abzutragen.

Noch immer überhören die Verantwortlichen auf beiden Seiten, dass in „Schalom-Salam" die Stimme der Liebe Gottes mitschwingt, auch der Schrei der Propheten nach Gerechtigkeit und Wahrheit. Solange nicht das Recht der einen Seite das Recht der anderen Seite mit einschließt, bleibt der Friede eine leere Floskel.

Bei der Hochzeit von Kana, am dritten Tag der Schöpfung, an einem Dienstag, sagt Gott zweimal: „Es ist gut so." Nur am zweiten Tag, am Montag, sagt er nicht, dass es gut ist. Es ist der Tag, an dem der Himmel von der Erde getrennt wird. Das ist symbolisch zu verstehen: Heiliges und Weltliches sind seither auseinandergerissen bis zu dem Tag, da ein neuer Himmel und eine neue Erde entstehen.

Jesus ist gekommen, um das Getrennte zu vereinen. Er hinterlässt uns den Auftrag, Erde und Himmel, Finsternis und Licht wieder zusammenzubringen, wie in ihm Tod und Leben vereint wurden und sich miteinander ausgesöhnt haben.

Auf diesem mühsamen und von vielen brutalen Rückschlägen gezeichneten Weg, bleiben die Scherbenengel von Bethlehem kleine Hoffnungszeichen. Wo sie in einem Haus ihren Platz gefunden haben, wird die Bereitschaft sichtbar, an dem großen Schalom Gottes im Bescheidenen mitzuwirken, damit Großes entstehen kann.

Mitri Raheb, der Pfarrer der evangelischen Weihnachtskirche sagt:

„Die Glasscherben sind ein Bild für die Zerbrochenheit unserer Welt. Damit stehen sie für den Grund, weshalb Gott Mensch geworden ist. Mit seiner Menschwerdung wurden Gott und Mensch zusammengebracht. Gott hat das aufgelesen, was wertlos und hoffnungslos schien und hat es in eine schöne, ganze neue Schöpfung verwandelt."

Ein letztes Mal ist unser Bus durch die Sperranlage gefahren. Leer. Wir mussten zu Fuß durch die labyrinthischen Gebäude gehen, jeder Schritt beäugt von Beobachtungskameras. Grünes Licht leuchtet auf, das Drehkreuz bewegt sich mit einem lauten Klack. Noch einmal klack und ein drittes Mal und wir sind frei. Unsere Gruppe atmet erleichtert auf und denkt doch an die, die kaum mehr Luft zum Atmen haben, geschweige denn das tägliche Brot.

Es gibt kein Schicksal, das nicht durch Verachtung überwunden werden kann

UNSER ZIEL AN EINEM NACHMITTAG waren die „verschlossenen Gärten" einer kleinen katholischen Schwesterngemeinschaft in der Nähe Bethlehems. Die Nonnen unterhalten soziale Einrichtungen für ein muslimisches Dorf und die ganze Umgebung. Auf unserem Spazierweg dahin ging es vorbei an den Teichen Suleimans, der Wasserversorgung des alten Jerusalems. Wasser, das war schon immer das Problem in diesem Land. Wer das Wasser hat, hat die Macht. Die Teiche sind leer und staubtrocken. Unser Führer erklärt: „Seit dem Bau der so genannten Sicherheitsmauer fließt das Wasser noch spärlicher, denn ein Teil der Brunnen liegt jetzt auf israelischem Gebiet. Wir müssen unser eigenes Wasser von Israel teuer einkaufen und bekommen es auch nicht immer. Manchmal dauert es Tage, bis es fließt. Dann heißt es sammeln, alle Behälter, die zur Verfügung stehen, füllen ..."

Kriege, so heißt es, werden künftig um Öl, mehr noch um Wasser geführt. Mein leidlich abgegangener Sturz an den Wasserteichen Suleimans schien uns allen auch wie ein prophetisches Zeichen. In diesem Augenblick unterbrach eine israelische Militäraktion jäh unsere kleine Wanderung. Wir konnten nicht mehr weiter und kehrten um. Aus der Ferne sahen wir Palästinenser, die aus dem Dorf, das blitzschnell von Militär umstellt war, flüchteten.

Also gingen wir wieder den Weg zurück. Vorbei am Flüchtlingslager Bethlehems. Seit 1948 hausen hier, von wohnen kann kaum die Rede sein, über 10 000 vertriebene oder freiwillig vor den Israelis geflüchtete Palästinenser. Viele junge Leute, jetzt bereits in der dritten Generation ohne Zukunftsaussichten: Nährboden des Terrorismus. Vorbei ging es dann, jetzt mit dem Bus, der uns aufgenommen hatte, an der zerbombten Polizeistation der Stadt. Wie soll da eine neue Ordnung entstehen können? Ohne einen Staat. Ohne eigene Währung. Was weit schlimmer ist, ohne Krankenversicherung oder Altersvorsorge.

Frei sind die Menschen in dem besetzten Gebiet nicht. Die israelische Polizei, das Militär sind überall präsent. Spontane Straßensperren und nächtliche Ausgangsverbote im „eigenen Land". Wie lässt sich das aushalten? Vielleicht nur, wenn man sich in die Schuhe der Israelis begibt: Wer neurotisch um die eigene Sicherheit besorgt ist, kann nicht wirklich leben; er ist ein Sklave, ein Gefangener seiner Angst. Die Angst erzeugt Gewalt; Gewalt zeugt den Terror. Die Spirale dreht sich immer weiter und wir sehen mit eigenen Augen, wer derzeit an der Schraube dreht.

Am Abend sind wir dann zu Gast im Hause von Faten Mukarter in Bet Jala. Sumaya, die Schwester, erzählt mit starken Emotionen von Brauchtum, Land und Leuten, vor allem von der Not der Palästinenser seit 1948. „Sind Sie Christin oder Muslima?", wird Sumaya oft gefragt. – „Ich bin Palästinenserin!“ Obwohl, das merkt man mit jedem Satz, Jesus ihre Leidenschaft ist. Sumaya bekennt mit ihren Worten den Geist des Evangeliums, selbst dann noch, wenn sie sagt: „Lieben kann ich die Israelis nicht; aber ich hasse sie auch nicht.“

Eine kleine Episode erzählt Sumaya zwischen den typischen Gerichten des arabischen Abendessens: Zu Ostern gab es eine der üblichen Ausgangssperren. Sie konnten vom israelischen Militär willkürlich verhängt werden. Die Frauen des Viertels verständigten sich gegenseitig und beschlossen dennoch, mit ihren Kindern zur Kirche zu gehen, um das Fest zu feiern; wenigstens in bescheidener Form. Kaum bewegte sich der kleine Zug wie eine Prozession auf der Straße in Richtung Kirche, als ihm ein Militärjeep und ein Panzer bedrohlich folgten und den Ausgang der Kirche nach dem Gottesdienst noch für Stunden blockierten. Doch alles blieb letztlich ruhig. Das Schwache hatte über die Militärmaschinen gesiegt.

Das ist die Methode Jesu. Keine leichte Sache inmitten von Gewalt und Terror. Der Protest der Frauen hätte ja auch ganz anders ausgehen können, Beispiele gibt es genug. Doch hätten es die Frauen von Bet Jala nicht gewagt, wäre die Resignation nur noch größer geworden. Für ihr Wohnviertel haben sie ein Zeichen gesetzt, nicht aufzugeben. Vielleicht haben die Soldaten im Panzer darüber nachgedacht, was ihnen zu tun befohlen wurde, und dass es Stärke sein kann, die „rechte Backe hinzuhalten“, wenn man auf die linke geschlagen wird.

Einmal gab es Versuche, die Mütter der nahen israelischen Siedlung und die von Bet Jala zusammenzubringen. Schon war ein Termin vereinbart und ein Ort für das Treffen der Frauen von beiden Seiten der Mauer. Bis in letzter Minute die Absage kam: „Wie können wir uns mit den Müttern von Mördern zusammensetzen?“, hatten israelische Frauen gefragt. Die gleichen Frauen, die Soldatenmütter werden müssen, ob sie es wollten oder nicht.

Wie so oft wandern meine Gedanken, obwohl Sumaya spannend zu erzählen weiß, zurück in die Zeit des Evangeliums.

Jesus und die mutigen Frauen. War Jesus ein Feminist? Schließlich hat er die üblichen Wege der Rabbiner verlassen, die, obwohl allesamt verheiratet, kaum die Frauen in den Blick nahmen. Jesus ist der Mann, der seiner Zeit voraus war, der auch heute noch den Palästinensern und den Männern der Kirche voraus ist. Er hat die weibliche Seite in sich nicht unterdrückt; er konnte sich in die Frauen einfühlen, von ihnen lernen, er war bereit, ihre Lebenserfahrung aufzugreifen und sie zum Beispiel zu nehmen.

Am Jakobsbrunnen brach er im Gespräch mit der Samariterin alle Tabus. Jesus war für die Gesellschaft seiner Zeit gefährlich, wie es die selbstbewussten palästinensischen Frauen sind. Sie sind nicht bereit, zu resignieren, still zu halten; deswegen machen sie die patriarchalen Strukturen der Gewalt unglaubwürdig. Frauen haben ein sicheres Gespür dafür, dass Gewalt zu keinem gerechten Frieden führen kann. Selbst wenn Väter ihre Söhne als Märtyrer sehen können, Mütter können es nicht. Das macht sie so stark, das macht sie aber auch einsam.

Ausländische Gäste bei der Familie einer selbstbewussten Palästinenserin? Kein Wunder, dass noch vor dem Abschiedskaffee ihr Haus von Soldaten umstellt wurde. Wir machten uns leise und ein wenig bedrückt auf und davon. Auf dem Fluchtweg zum Bus überraschte mich der Gedanke von Camus: „Es gibt kein Schicksal, das nicht durch Verachtung überwunden werden kann."

Auf dem Weg zurück ins Hotel, der sich durch allerlei Straßensperrungen verlängerte, entstand diese Litanei:

Ich bin der Hungernde auf der Straße,
ich bin der Nackte ohne Kleider,
ich bin der Junge ohne Arbeit,
ich bin die Frau ohne Bedeutung,
ich bin der Ausgegrenzte an der Mauer,
ich bin der Schwerkranke ohne Krankenhaus,
ich bin der Namenlose im Gefängnis,
ich bin die Schwangere, die ihr Kind nicht bekommen kann,
ich bin der Palästinenser,
ich bin einer wie du,
ich bin Jesus ...
Gott, erbarme sich über uns.

Jesus war nicht gerade das, was wir einen Familienmenschen nennen

„VON NUN AN steht uns wieder unsere Heimat offen. In der Menschwerdung hat Gott sein tiefstes Geheimnis offenkundig gemacht. Gott ward Mensch und machte den Menschen zu seinem Tempel. Gottes Sohn wurde Mensch, damit der Mensch Heimat habe in Gott", schreibt Hildegard von Bingen in einer Betrachtung.

Jesus fühlte sich in unserer Welt wie ein Heimatloser. Matthäus berichtet, dass seine Eltern mit ihm fluchtartig seinen Geburtsort verlassen mussten. Er selber wird klagen: „Die Füchse haben ihre Höhlen und die Vögel ihre Nester; der Menschensohn aber hat keinen Ort, wo er sein Haupt hinlegen kann" (Lk 9,53). Auch hierin gleicht Jesus den zehntausenden Palästinensern, die seit drei Generationen im Flüchtlingslager leben müssen.

Unsere Heimat ist im Himmel, wird uns gesagt: Auf Erden haben wir keine bleibende Stätte. Ein Wort, das auf dem Friedhof beim Abschied von einem Menschen zu hören ist. Das gilt auch für Nazaret, der kleinen Siedlung, in der Jesus aufgewachsen ist und ungefähr 30 Jahre gelebt hat: Es gibt keine bleibende Stätte, höchstens Rastplätze auf Erden.

Unser deutsches Wort Himmel leitet sich von Heimat ab. Heimat ist dort, wo wir uns geborgen fühlen. Ganz aufgehoben und geborgen werden wir erst in der ewigen Heimat sein. Dennoch sind wir dazu berufen, einander Heimat zu sein. Die Kirchenbauer haben zu allen Zeiten versucht, das Haus Gottes zu einem Stück Himmel auf Erden zu machen.

In Nazaret hat sich unsere Pilgergruppe in der Zelle des Charles de Foucauld gesammelt. Die riesige Verkündigungskirche ist zum Staunen gemacht; in ihrer Monumentalität kaum geeignet, dem Leben Jesu nachzuspüren oder den Geist des Evangeliums zu atmen. Viele Nationen haben zum Bau und zur Ausstattung der Kirche beigetragen, die über dem angeblichen Haus Mariens errichtet wurde.

Als ich vor der gewaltigen Fassade stehe, ist mein erster Gedanke, hier wird dem Nazarener Gewalt angetan. Und das ausgerechnet von den Franziskanern, die über so viele heilige Plätze im Land wachen. Für uns wirkt die Verkündigungskirche eher wie ein sehenswertes Museum; aber wer möchte schon in einem Museum Gottesdienst feiern. Jede Hütte wäre im Geist Jesu angemessener.

Mit seinen rund 60 000 Einwohnern, etwa ein Drittel davon sind Christen, die Mehrheit Muslime, ist Nazaret heute die bedeutendste arabische Stadt Israels. Bürgermeister ist seit 2006 ein Christ. Zur Zeit Jesu war die Talmulde vielleicht von zwei, drei Dutzend Familien besiedelt, die vor allem in ausgebauten Höhlen hausten. Ein bescheidenes Dorf im Unteren Galiläa also, mit einer lebenswichtigen Quelle, heute ist darüber ein orthodoxes Heiligtum gebaut, mehr nicht.

Wir steigen zu dieser Quelle hinunter. Sie liefert das gleiche Wasser, das auch Maria für ihre Familie geschöpft hat. Der durstige Zimmermann und sein Sohn haben daraus getrunken. Wasser ist etwas aus der Ewigkeit für die Ewigkeit.

Ein Wort der Schrift ist uns von Kindheit an geläufig: „Aus Nazaret? Kann von dort etwas Gutes kommen?“ (Joh 1,46). Darauf die eindeutige Antwort durch Jesus, die noch heute Gültigkeit hat: „Nirgends hat ein Prophet so wenig Ansehen wie in seiner Heimat und in seiner Familie“ (Mt 13,57).

Jesus war nicht gerade das, was wir einen Familienmenschen nennen. Schon deswegen ist es gefährlich, vorbildlich von der Heiligen Familie aus Nazaret zu sprechen. Der Auftrag, den er von Gott hatte, ließ Jesus keine Zeit für irdisches Familienglück.

„Kein Ansehen in seiner Heimat!“ Bis ein Mensch so etwas sagt, muss er schlimme Erfahrungen gemacht haben. In der Tat, nach seiner Predigt in der Synagoge, die zunächst auf Zustimmung gestoßen war, zerrten die Leute aus Nazaret Jesus zum nahen Steinbruch, um ihn von dort in die Tiefe zu stürzen und deuteten damit ohne es zu ahnen, seinen gewaltsamen Tod an. Noch war die Stunde nicht gekommen. Jesus ging, so heißt es in der Schrift, einfach durch ihre Mitte weg. Keiner wagte die Hand an ihn zu legen.

Später wird seine Familie ihn in Kafarnaum aufsuchen, seine Mutter ist dabei, um ihn mit Gewalt nachhause zu holen. Die Sippe war der Überzeugung, dieser Jesus ist aus der Art geschlagen. Sie hielten ihn für verrückt. Seine Botschaft, dass Gott geschenkt wird und nicht das Ergebnis der Gesetzeserfüllung ist, war zu ungewöhnlich. Wer selber zum Wort Gottes geworden ist, findet andere Worte als die, die wir gewöhnt sind.

Das alles war nicht Thema beim Gottesdienst in der weiß gekalkten Zelle. Der ehemalige Trappistenmönch Charles de Foucauld, von seinem Orden frei gegeben, verbrachte drei Jahre des Schweigens und des Gebets als Klosterknecht zunächst hier und später in Jerusalem. Dann zog es ihn 1901 nach Nordafrika. Dort lebte er, zunächst südlich des Großen Atlasgebirges nahe der marokkanischen Grenze, dann immer tiefer im Inneren der Sahara bei den Tuareg des Hoggar-Gebirgsmassivs.

Er schrieb kurz vor seinem Tod an einen Freund: „Ich bin nicht hier, um die Tuareg zum Christentum zu bekehren, sondern um zu suchen, sie zu verstehen. Sie sind Protestant ... die Tuareg sind Muslime; ich bin überzeugt davon, dass Gott uns alle empfangen wird, wenn wir es verdienen.“ Charles nahm vor über hundert Jahren vorweg, worum wir heute noch ringen, das Christentum als eine Religion wie jede andere zu sehen.

Charles war von dem Gedanken einer neuen spirituellen Gemeinschaft beseelt. Sie sollte das Evangelium Jesu radikal leben und zwar nicht im Kloster, sondern mitten unter den Menschen. Er findet keinen einzigen Gefährten; er bleibt allein. 1916 wird Charles de Foucauld von aufständischen Senussi erschossen. Doch zwanzig Jahre später entstehen in seinem Geist die Kleinen Brüder und die Kleinen Schwestern Jesu. So hatte Jesus gesagt: „Wenn das Weizenkorn nicht in die Erde fällt und stirbt, bleibt es allein; wenn es aber stirbt, bringt es reiche Frucht“ (Joh 12,24).

Jesus war kein Priester. Ich gebe zu, dass diese Feststellung von Papst Benedikt XVI., veröffentlicht noch als Professor Joseph Ratzinger, mich – den Priester – zunächst ziemlich erschüttert hat. Zu unangefochten war meine Ausbildung im Priesterseminar gelaufen, zu fest und glaubwürdig in mir die Überzeugung, dass Jesus Priester gewollt und mich „auserwählt“ hatte. Mir war zwar klar, dass Jesus nicht gerade die erste Priesterweihe gespendet hat. Aber das „Priestertum" Jesu blieb in mir unbestritten.

In meinen ersten Priesterjahren waren die Trennung in Klerus und Laien und das Gefühl des Vorrangs noch sehr ausgeprägt, auch wenn ich mich innerlich dagegen gewehrt habe. Der „Hochwürden" begleitete mich auf Schritt und Tritt, auch wenn ich keinen weißen Kollarkragen und keine priesterliche Kleidung trug.

Noch sagt eine Vorschrift: „Die Kleriker haben gemäß den von der Bischofskonferenz erlassenen Normen und den rechtmäßigen örtlichen Gewohnheiten eine geziemende kirchliche Kleidung zu tragen." Ob Jesus an diese Art Uniform gedacht hat, als er zu denen, die ihm auf seinem Weg folgten, sagte: „... außer einem Wanderstab nichts auf den Weg mitzunehmen, kein Brot, keine Vorratstasche, kein Geld im Gürtel, kein zweites Hemd und an den Füßen nur Sandalen" (Mk 6,8f)?

Das Priestertum ist unbestreitbar in die Krise geraten. Der Pastoraltheologe Karl Schlemmer fragt ganz offen: „Wie aber wollen frömmlerische, verkrampfte oder psychisch labile Priestergestalten den nach Sinn und Lebensorientierung suchenden Menschen Helfer und Begleiter sein? Mit ‚Wonnebrunserei' ist es hier wahrlich nicht getan! Und überhaupt nicht sind Kleriker in der heutigen Zeit erwünscht, die psychisch und physisch gewalttätig sind."

Und er fordert: „Was wir heute in der Kirche brauchen, sind Frauen und Männer und damit auch Priester, die getragen sind von einem tiefen Gottvertrauen, von einer existenziellen Gottverbundenheit, ja von einer unverbogenen Gottesleidenschaft, von gesundem Menschenverstand und von einem lächelnden Humor, von missionarischer Begeisterung und spirituell-theologischer Hellsichtigkeit."

Hier in der Heimat Jesu erinnerte ich mich an den Hinweis in der Biografie von Charles de Foucauld, er habe lange gezögert, die Priesterweihe zu empfangen. Vielleicht hat er ähnlich empfunden wie ich jetzt nach über 40 Priesterjahren: Priestersein hat nichts mit Distanz, Herausgehobensein oder mit religiöser Macht zu tun. Wenn es etwas Besonderes am Priester gibt, dann ist es der Dienst am Menschen im Geist Jesu. Daran muss sich der Priester messen lassen.

In dem einfachen Raum, der einst Foucaulds Zelle war, liegen jetzt die schlichten Zeichen der Eucharistie auf dem Tisch: Das Gerstenbrot der armen Leute, dazu ein Schluck Wein. Die Zeichen eines einfachen Mahles, zu dem sich die ersten Christen in Erinnerung an das gemeinsame Essen mit Jesus versammelten. Von Priestern und Opfern war damals keine Rede. „Esst und trinkt“, das war der Auftrag Jesu für alle Zeit. Von diesem gemeinsamen Essen und Trinken, im Teilen von Brot und Wein wurde die Gemeinschaft der Christen bestimmt.

Leiter der Eucharistiefeier, Brotbrechen genannt, waren Frauen und Männer, die sich bewusst waren: Der eigentliche Gastgeber ist Jesus. Er lädt ein. Um die „Laien“ versammelte sich die Gemeinde ringsum in den Privathäusern und brach das Brot, teilte den Becher der Freude. Die Frauen und Männer der frühen Zeit sind in erster Linie Verkünder und Seelsorger. Sie tragen für den Zusammenhalt der Gemeinde Verantwortung und leiten sie im Team, so wie die Fischer von Kafarnaum und Betsaida nur gemeinsam zum Fang auf den See hinausfuhren.

Seelsorger, ein Auftrag, der heute kaum noch zum Tragen kommt. Der hausgemachte Priestermangel trägt dazu bei, dass der Priester praktisch nur noch als Sakramentenspender und Zeremonienmeister erlebt wird. Die Verkündigung der Frohen Botschaft durch das Leben kommt zu kurz.

„Der Herr erschien dem Abraham und sprach zu ihm: Ich bin Gott, der Allmächtige. Geh deinen Weg vor mir und sei ganz“ (Gen 17,1). Um diese Ganzheit wird es gehen, wenn das besondere Priestertum in der Kirche Bestand haben soll; sonst macht es sich überflüssig. Dabei geht es nicht darum, den Priester gegen das allgemeine Priestertum der Gläubigen auszuspielen. Für unsere Zeit scheint es noch zu schwierig, die gewohnte Struktur zu verlassen, die Gemeindeleitung und priesterlichen Dienst miteinander verbindet. Aber die Stunde wird kommen.

Die Frage bleibt für mich, ob Jesus bei seiner betont kritischen Einstellung zum Tempelkult und Priestertum, je an Priester, an ein allgemeines Priestertum oder an einen Opferkult gedacht hat. Wir wissen, die Entwicklung in der Kirche ging anders. Allerdings dauerte es über vierhundert Jahre, bis sich so etwas wie ein sakramentales Priestertum herausgebildet hatte. Seither ist der geweihte Priester für die gültige Feier der Eucharistie zwingend vorgeschrieben. Was aber für die Theologie der Kirche noch weit folgenschwerer war, aus einem gemeinsamen Mahl wurde das Opfer.

Noch immer liegen Brot und Wein vor mir auf dem Tisch. Längst ist das Lied zur Gabenbereitung verklungen. Es ist an der Zeit, die Gaben zu teilen. Während ich den Mitfeiernden das Brot in die Hand lege und sage, „der Leib Christi“, während der Becher unter den Worten „Christi Leben für dich“ kreist, denke ich: Warum einigen wir Christen uns nicht darauf, mit Jesus das Mahl zu halten, wie es die Frauen und Männer um Jesus taten, warum freuen wir uns nicht einfach darüber, dass er bei dieser Feier anwesend ist, statt uns darüber zu streiten, in welcher Weise Jesus gegenwärtig ist?

Ich äußere meine Gedanken zum Schluss unserer Feier: „In seiner großen Brotrede, wir haben einen Abschnitt daraus gehört, weist Jesus seine Jünger nachdrücklich darauf hin, dass sie auf den Sinn seiner Worte achten müssen: ‚Die Worte, die ich zu euch gesprochen habe, sind Geist und Leben‘ (Joh 6,63).

Der Sinn der Worte Jesu verlangt nach einer Erklärung: Leib und Blut bedeuten in der biblischen Sprache – Leben. Darum geht es. Das Leben Jesu, seine ganze Bedeutung für uns, wird in der Eucharistiefeier gegenwärtig, erfahrbar, lebendig. Das Leben Jesu wird erfahrbar in unserer Gemeinschaft, in seinem Wort, in Brot und Wein.

Jesus essen, sein Blut trinken – das sind nur Verlegenheitsworte, die mehr verwirren, als dass sie deuten und erklären. Brot und Wein bleiben in der Eucharistie das, was sie sind. Durch das, was wir Wandlung nennen, erhalten Brot und Wein allerdings eine zusätzliche Aufgabe: Sie bringen uns mit dem Leben, dem Tod und der Auferstehung Jesu zusammen. Alles, was darüber hinaus geht, bleibt ein ‚Geheimnis unseres Glaubens‘. Kein Theologe, kein Bischof kann es enthüllen.“

Hier in der schlichten Zelle haben die Streitigkeiten, die in den Jahrhunderten mit gegenseitigen Exkommunikationen, unter Blut und Tränen ausgetragen wurden, keinen Platz. Nach wie vor ist die Spaltung der Christenheit ein großes Ärgernis. In den Augen vieler Christen wird diese Spaltung nur aufrecht erhalten, um Macht zu demonstrieren.

Die Leute von Nazaret waren von der Rede Jesu in ihrer Synagoge so lange beeindruckt, wie er bei der üblichen Auslegung der Tageslesung blieb. Sie waren es auch dann noch, als er ihnen sagte: „Heute hat sich das Schriftwort, das ihr eben gehört habt, erfüllt. Seine Rede fand bei allen Beifall; sie staunten darüber, wie begnadet er redete ...“ (Lk 4,21f).

Ihre Zustimmung schlug schnell in tödliche Wut um, als er seinen Mitbürgern Vorhaltungen machte, weil sie seinen Weg nicht mitgehen wollten. Was würde Jesus heute zu uns sagen? Diese Frage blieb auch in der Synagoge, die wir anschließend besuchten – vielleicht war es der historische Ort? – unbeantwortet. Oder wollen wir die Fragen Jesu nur nicht hören?

Vielleicht müssen wir erst einmal aus unserer fragwürdigen Heimat ausziehen wie Jesus, der das offene Grenzstädtchen Kafarnaum als neue Unterkunft nahm: „Er verließ Nazaret, um in Kafarnaum zu wohnen, das am See liegt ... und nahm dort Wohnung" (Mt 4,13).

Dieser Abschied markiert einen tiefen Einschnitt im Leben Jesu. Jetzt erst kann Neues beginnen. Er beruft die ersten Jünger in seine Nachfolge, nimmt sich der kranken und leidenden Menschen an. Jesus wird für die zum Arzt, die keinen Heiler haben. Unmittelbar nach dem Verlassen seiner Heimat fügt der Evangelist das Kernstück der Frohen Botschaft Jesu, die Bergpredigt an, eine Kurzfassung seiner wichtigsten Predigten.

Soll das Christentum heute noch glaubwürdig sein, muss es Abschied nehmen von unhaltbaren Positionen. Im 3. Jahrtausend ist ein Gestaltwandel nötig, der sehr schmerzlich sein wird. Nur unter Schmerzen wird Neues geboren.

Der Glaube muss auf neue Weise den Menschen gegenüber, die auf der Suche sind, verantwortet werden. Ohne Abschiede geht es nicht. Zum Beispiel muss das Christentum es lernen, sich selbst als eine Religion wie jede andere zu sehen. Erst dann kann es wieder in die Welt hinausgehen, um das Evangelium Jesu unbefangen und vorurteilsfrei zu verkünden.

Unsere Gruppe folgte ein wenig dem Weg, den Jesus durch das Taubental hinunter an den See, vorbei am Berg Arbel genommen hat. Seine Einladung ist wörtlich zu verstehen. Jesus wollte keine Religion; er wollte eine Weggemeinschft, eine Bewegung. Kein neuer Weg ist ohne Abschied zu haben.

Das Ablösen von ausgetretenen Wegen wird nur sehr schwer gelingen. Schließlich wurde, um mit den Worten des Schweizer Kapuziners Walbert Bühlmann zu sprechen, aus „verfolgter Kirche Verfolgerin, aus Botschaft Institution, aus Dynamik Statik, aus Milde Macht, aus Volk Gottes Hierarchie, aus Entscheidungskirche Volkskirche, aus Reich Gottes Kirchenstaat, aus dem Evangelium Kirchenrecht."

Das alles gilt es loszulassen. Die Auszugsliste ist lang. Ein mühsamer Weg liegt vor der Kirche. Es ist ein Weg ähnlich dem Weg Jesu nach Jerusalem hinauf, sich von allem lösen, was einen noch bindet und festhält. Am Ende steht die Auferstehung; siegt das neue Leben über den Tod.

Wer Gottes Lied in sich klingen lässt, ist nicht gerade zum Mittelmaß berufen

ES IST NACHT. Ein Zauber liegt über dem See, dessen Konturen durch die lichtblinkenden Siedlungen ringsum nur zu erahnen sind. Der Kibbuz Ein Gev schimmert direkt gegenüber. Die Golanhöhen wirken wie schwere, dunkle Wolken, die über dem See schweben, bis auf einmal der aufgehende Mond alles verändert. Der Duft des nahen Jasminbusches scheint sich unter seinem Licht zu verstärken. Silbrig leuchtet jetzt der See in seiner ganzen Schönheit: Die Harfe Gottes ist zum Spiel bereit.

Der See ist mit 212 Meter unter dem Meeresspiegel der tiefstgelegene Süßwassersee der Erde, 21 km lang und an seiner bauchigen Stelle 12 km breit. In zwei Tagen lassen sich seine Ufer bequem zu Fuß umrunden. Ein einziges Mal ist mir das gelungen – die gut 50 km meditierend zu gehen.

Der See ist das größte Wasserreservoir des Staates Israel. 1964 wurde der National Water Carrier gebaut. Es handelt sich dabei um eines der größten Wasserverteilsysteme der Welt. Über eine Anlage unter dem antiken Kinneret können pro Sekunde fast 30 Kubikmeter Wasser abgepumpt werden. Im Sommer wird dadurch der Wasserspiegel des Sees um einen Zentimeter am Tag abgesenkt. Kein Wunder, wenn am anderen Ende fast nichts mehr aus dem See heraus fließen kann. Der Jordan ist nur noch ein dürres Rinnsal, bevor er im Toten Meer versickert.

Das Seewasser wird zunächst über einen offenen Kanal transportiert, dann im Tal von Bet Netofa in Galiläa gereinigt und auf Trinkwasserqualität gebracht. Schließlich fließt es über geschlossene Leitungen nach Tel Aviv und weiter bis in die nördliche Wüste Negev.

Das Mondlicht setzt sich mehr und mehr gegen die Lichter von Tiberias durch. Vom Straßenverkehr ist kaum mehr etwas zu hören. Die Menschen kommen zur Ruhe. Gott schlägt die erste Saite auf seiner Harfe an.

Friedlich liegt das Land um den See. Verloren scheinen die Auseinandersetzungen zwischen Jordanien und Syrien; weit weg die Grenze zum Libanon. Zur Zeit Jesu gab es ein Herüber und Hinüber. Schon damals musste er die Fronten wechseln, sich mal dem Herodes, mal den religiösen Führern oder einer aufdringlichen Menschenmenge entziehen.

Der See in der Nacht lässt all das vergessen. Bilder entstehen aus den leichten Nebelschwaden, die aus dem Wasser in die kühl gewordene Stille steigen, verweben sich mit einer sanften Melodie.

Ich summe „Amazing Grace“ vor mich hin: „Die Gnade Gottes ist ein Lied, das stets für mich erklingt. Einst war ich taub, nun höre ich die Welt, die um mich singt: Die Gnade Gottes ist ein Lied, das Leben schließt den Kreis, denn Gott hat unsern Tod durchkreuzt, ihm sei Lob, Ehr und Preis.“

Hier am See werden die Seligpreisungen entstehen, die das Fühlen und Denken von Millionen Menschen verändern. Noch nach Generationen werden Frauen und Männer allein oder in Gemeinschaften versuchen, diesen gewaltfreien Weg Jesu zu gehen. Auch wir sollten aus diesen Quellen Antworten für heute suchen.

Genesaret, das war die wirkliche Heimat Jesu. Nicht Nazaret, wo ihn die Familie für sich festhalten wollte und die Mitbürger seine Sendung nicht verstanden. Der See ist das Reservoir unseres Glaubens. Wir brauchen solche Behälter, die für uns abspeichern, was lebenswichtig ist. Wir brauchen die geheimnisvollen Quellen, von denen auch der See gespeist wird. Im See Genesaret ruht die ganze Tradition des Christentums. Manchmal steigt das Evangelium ganz neu an die Oberfläche; manchmal muss es allerdings wie nach einem Sturm vom Grund aufgewühlt und nach oben gespült werden: Erinnerungen, die das Leben neu werden lassen.

Das ist der einzige Sinn des Wiederholens: Sich wieder holen, was nicht verloren gehen darf. Sich das vom Evangelium wieder holen, was die Phantasie beflügelt und dem Mut Energie verleiht. Sich die Worte und Taten Jesu wieder holen, damit die Hoffnungen und Visionen nicht im luftleeren Raum schweben und verkommen.

Jesus hatte es mit den Fischern. Schon sehe ich, dass die Ersten zum Fang hinausgefahren sind. Die Lampen an den Booten blinken und sollen die Fische anlocken wie vor 2000 Jahren. Die Fischerei geschieht, trotz aller Technik, noch immer im Team. Heute sind es vier, fünf Männer, die gemeinsam bis zum Tagesanbruch arbeiten.

Der St. Petersfisch, eine später eingesetzte Karpfenart, verspricht ein gutes Geschäft. Zur Zeit Jesu mussten mindestens zwölf oder mehr Männer zusammenarbeiten, um die schweren Schleppnetze an Land zu ziehen. Ihnen, die an harte und manchmal vergebliche Arbeit gewöhnt waren, hatte Jesus versprochen, sie zu Menschenfischern zu machen.

Nicht nur in seiner Sprache bleibt Jesus ganz nahe bei den Menschen. Er schärft ihren Blick, ihre eigenen Erfahrungen zu deuten und umzusetzen. Das vor allem ist die Methode des Evangeliums: Keinen allein stehen oder kämpfen lassen. Mindestens zu zweien sollten sie sein, besser noch eine Gruppe von Frauen und Männern, um das Evangelium in die Dörfer und Städte ringsum zu tragen, rät Jesus.

„Einer allein", so fragt schon Kohelet, „wie kann der warm werden?" Und: „Besser sind zwei daran als ein Einzelner" (vgl. Koh 4,9 ff). Das Reich Gottes entsteht im Team.

Ich genieße die Nacht. Sie nähert sich bereits ihrem Höhepunkt. Der volle Mond steht genau über mir. Kein Schatten, solange ich mich nicht bewege.

Spontan fällt mir der Satz aus einer Predigt ein: „Suchst du Gott, dann such ihn unten! Denn das Herz des Volkes Gottes schlägt über dem Straßenpflaster." Das wieder löst die Erinnerung an ein weiteres Wort von Bischof Gaillot aus: „Wer in Gott eintaucht, taucht bei den Armen wieder auf."

Keine große Theologie, kein Bischofswort, keine Enzyklika kann diese Stunden am See ersetzen. Hier am See hat Jesus die frohe Botschaft in die Welt gebracht; hier hat sich die Menschwerdung des göttlichen Wortes vollzogen. Hier ist zeichenhaft das Reich Gottes entstanden, von dem wir bekennen: Es ist schon mitten unter uns.

Vielleicht genügt es, den Menschen, statt vieler Worte, den See zu zeigen. An seinen Ufern sollte man das Evangelium lesen und in das eigene Leben übersetzen: Kraft für ein ganzes Leben. Stolz schrieb der Kirchenlehrer Petrus Damiani um das Jahr 1050: „Wir sind nicht Schüler der Philosophen und Redner, sondern der Fischer, der Jünger vom See Genesaret."

Ein Gefühl von Freiheit überwältigte mich im silbrigen Licht des Mondes. Die Energie Jesu ist hier so dicht, wie ich es an keinem anderen Ort des Heiligen Landes erleben konnte. Nicht in Nazaret. Nicht in Bethlehem. Nicht in der Grabeskirche. Hier hat Jesus die alles entscheidenden Worte gesprochen, die Matthäus und Lukas in der Bergpredigt zusammengefasst haben. Hätten wir nur diese Worte, wir wären reich genug.

Der See, der ein ganzes Land bis ins Negev hinein mit lebendigem Wasser versorgt, fängt an zu predigen: Gott ist so wichtig und so verfügbar wie Wasser, sagt er mir. Nicht gebunden an Oberhirten und Mächte, die ihn für sich beschlagnahmen möchten. Nein, die Hirtensorge Jesu macht die Menschen nicht zu Schafen, die bestenfalls blöken dürfen. Jesus ermutigt die Menschen, Gott nicht irgendwo, sondern in sich selbst zu finden. Das ist die Weide, auf die er uns führt.

Orte bleiben wichtig. Wie dieser See, der geladen ist mit froher Botschaft für alle Menschen ohne einen Unterschied. Heilig sollte man diesen See nennen vor allen anderen Plätzen. Hier spielt Gott selbst auf seiner Harfe. Sie klingt nach feinem Glas und sanftem Lachen. Gott spielt auf vielen Saiten. Aber hören kann Gottes Spiel nur, wer hören will.

„Nehmt Gottes Melodie in euch auf", rät deswegen Ignatius von Antiochien um 100 n. Chr. der Gemeinde von Ephesus. Das gilt für jeden Christen, seine eigene Lebensmelodie zu entdecken, damit sie zu klingen vermag in den Begabungen und Talenten. Wer Gottes Lied in sich klingen lässt, spürt, dass er nicht zum Mittelmaß berufen ist.

Der Geschichtsschreiber Josephus Flavius beschreibt, wie er den See etwa zur Zeit Jesu erlebt hat:

„Entlang dem See Genesaret erstreckt sich eine gleichnamige Landschaft von wunderbarer Natur und Schönheit. Wegen der Fettigkeit des Bodens gestattet sie jede Art von Pflanzenwuchs. Ihre Bewohner haben daher in der Tat alles angebaut. Das ausgeglichene Klima passt auch für die verschiedenartigen Gewächse. Nussbäume, die im Vergleich zu allen anderen Pflanzen eine besonders kühle Witterung brauchen, gedeihen dort prächtig in großer Zahl. Daneben stehen Palmen, die Hitze brauchen, ferner Feigen- und Ölbäume unmittelbar dabei, für die ein gemäßigtes Klima angezeigt ist.

Man könnte von einem Wettstreit der Natur sprechen, die sich mächtig anstrengt, alle ihre Gegensätze an einem Ort zusammenzuführen, oder von einem edlen Kampf der Jahreszeiten, von denen jede sich um diese Gegend wetteifernd bemüht. Der Boden bringt nicht nur das verschiedenste Obst hervor, das man sich kaum zusammendenken kann, sondern er sorgt auch lange Zeit hindurch für reife Früchte. Die königlichen unter ihnen, Weintrauben und Feigen, beschert er zehn Monate lang ununterbrochen, die übrigen Früchte reifen nach und nach das ganze Jahr hindurch.“

Gott muss so verfügbar sein, wie das Wasser des Jordan

„NUR DIE DEUTSCHEN LAUFEN den Weg hinunter zum See", sagte der Verkäufer und reichte mir einen Becher mit frisch gepresstem Orangensaft.

Ich habe ihn schon eine Zeit lang beobachtet. Mit seinem Händlergespür fischt er sich die Menschen aus einer Gruppe heraus, die andere motivieren können, nach seiner vitaminreichen Köstlichkeit zu greifen. Eine Gruppe von Vietnamesen würdigte er keines Blickes. Vier Amerikanerinnen, sie scheinen gerade McDonalds entsprungen, übersieht er geflissentlich. Mit unserer Gruppe macht er sein Geschäft. Sein Lachen darüber wirkt wie ein zweiter Vitaminstoß. „Freunde", sagt er nur und reicht mir einen zweiten Becher.

„Den Weg hinunter ... zum See." Kein Fuß breit Boden, der Jesus nicht gespürt hätte. Wieder überschwemmt mich eine spirituelle Dichte, die mich kaum atmen lässt.

Die Gleichnisse Jesu wachsen direkt am Weg. Die Senfstaude, in seinen braun-schwarzen Samenkörnern dazu bestimmt, zeichenhaft das Reich Gottes entstehen zu lassen. Die Lilien Salomons, wegen des fortgeschrittenen Frühjahrs schon nicht mehr in all ihrer Pracht, sondern eher ein Hinweis auf die Vergänglichkeit, von der Kohelet so vieles zu sagen wusste. Der Weizen und die Gerste sind bereits geerntet. Auf dem trockenen Boden sind die Landwirte schon froh, wenn sie einen dreißigfachen Ertrag haben. Auf die Fülle des Reiches Gottes, sechzig-, hundertfach müssen wir noch warten.

Dann sind da Minze, Dill und Fenchel. Zehn Prozent davon lieferten die Frommen an den Tempel ab, um ihre Gerechtigkeit zu beweisen. Die Barmherzigkeit haben sie in ihrer kleinlichen Rechnerei übersehen.

Zwischen allem leuchten violettblau die Disteln, die in der Bibel gar nicht gut wegkommen, weil sie das kostbare Land überwuchern und den Glauben ersticken können. Uns erscheinen sie wie aufmüpfige Farbtupfer, die sich gegen das Strohgelb der Landschaft durchsetzen und uns sagen: Wartet ab, noch ist nicht die Zeit der Ernte. Wer weiß, ob am Ende nicht wir Disteln die Lieblingskinder Gottes sind.

Christen müssten heute wie diese Disteln sein. Keine Bauernmacht der Welt hat sie je ausrotten können. Jedes Jahr erheben sie ihre Köpfe, selbstbewusst und überzeugend. Ohne dieses Selbstbewusstsein und ohne Mündigkeit ist ein Christentum in unserer Gesellschaft nicht mehr möglich. Mehr Disteln als Weizen braucht die Kirche heute. Nur, die Oberhirten wissen das noch nicht. Wann gehen auch sie zu Fuß vom Berg der Seligpreisung hinunter an den See und lassen sich von den Spatzen beraten, die hier in Schwärmen eifrig ihr Futter suchen, statt von ihren Büchern und Büros?

Da ist sie wieder die Sehnsucht, je näher wir dem See kommen. Einige aus unserer Gruppe plaudern unbekümmert. Andere schweigen. Mich überkommt eine Grundstimmung, die mich ahnen lässt: Es gibt noch viel mehr, dich erwartet noch weit mehr, als du hier aufnehmen kannst.

Ich lasse der Sehnsucht Raum, Schritt für Schritt, bis wir am Wasser der Primatskirche stehen. Herzförmige Steine, Symbole der Apostel, führen in den See hinaus. Wohin? Herzen müssen sich buchstäblich treten, betreten lassen, sonst taugen sie zu nichts. Nur die gebrochenen Herzen öffnen sich, harte Herzen sind mit sich und der Welt, wie sie ist, zufrieden.

Ich erinnere mich an die Predigt eines Bischofs. Er bezeichnete die Bergpredigt als Hammerschläge, die die Welt erschüttern sollten. Die sanften Hügel rundum, schon zum Beginn des Sommers strohgelb, sprechen eine andere Sprache. Der Klang von Eisen auf Eisen war nicht Jesu Tonart. Seine Kraft war Zärtlichkeit. Mit ihr nahm er das Spiel seines Vaters auf, das ihm die Liebe gelehrt hatte.

Glücklich sind die Menschen, die sich vor Gott nicht groß machen müssen, weil sie sich ihres Wertes bewusst und damit liebenswert sind.

Glücklich sind die Menschen, die bereit sind, mehr zu tun, als von ihnen verlangt wird.

Glücklich sind die Menschen, deren Anteilnahme nicht gespielt, sondern echtes Mitleiden ist.

Glücklich sind die Menschen, die ein Herz haben für alles, was lebt und verantwortlich mit Gottes Schöpfung umgehen.

Glücklich sind die Menschen, die mit offenen Händen aufeinander zugehen und die Gewalt überwinden.

Glücklich sind die Menschen, die loslassen können und vor allem dem Negativen keinen Raum lassen.

Glücklich sind die Menschen, für die der Friede kein leeres Wort ist, weil sie längst Frieden mit sich geschlossen haben.

Das sind keine Hammerschläge. Die Worte Jesu sind von einer anrührenden Melodie unterlegt. Sie hat die Kraft, nicht nur die Ohren, sondern die Herzen zu erreichen.

Wieder summt es in meinem Herzen, „Amazing Grace“: „Die Gnade Gottes ist ein Tanz, ein Wort, das mich bewegt. Ein Geist, der unsern Leib bejaht, ein Sturm, der sich nicht legt ...“

Ein leichter Wind kommt auf. Während wir sitzen und schauen, die einen zurück auf den Berg der Seligpreisung, die anderen über das leicht gekräuselte Wasser des Sees, liest einer aus unserer Gruppe halblaut den Text jenes Kärtchens, das unsere Pilgertage begleitet:

„Im Namen Gottes.
Achte gut auf diesen Tag.
Achte gut auf die Menschen. Sie sind dir anvertraut.
Jeder neue Tag ist dein Leben.
Er ist ein Geschenk für dich.
Heute ist dein Tag.
Sei dankbar und freue dich über die Sonne am Morgen.
Lebe im Frieden mit dir und finde zur Ruhe in der Nacht.
Sei gesegnet und werde zum Segen für alle Menschen, die dir begegnen.“

Der Segen breitet sich spürbar aus. Glücklich, denke ich, sind die Menschen, die sich jeden Morgen daran erinnern können, dass göttliche Kräfte in ihnen sind. Eine Energie, die vieles verändern kann. Wer den Tag so beginnt, wird neu geboren: jeder Tag ein Geburtstag. Die Phantasie und die Liebe bleiben jung wie am ersten Tag.

Hier am nördlichen Ufer des Sees, zwischen Kafarnaum und Betsaida sind die Menschen in Scharen zusammengekommen, um Jesus zu hören. Er hatte für sie andere Worte als die Priester und Schriftgelehrten. Andere Worte auch als Johannes der Täufer, der im Jordantal am südlichen Ende des Sees predigte.

Jesus war kein Religionsstifter. Er hat die Menschen nicht vertröstet; er hat sie in das Reich Gottes eingeladen, das mit jedem guten Wort, mit jeder guten Tat beginnt. Sucht dieses Reich nicht irgendwo, wartet nicht lange: Es ist doch bereits mitten unter euch.

Die Türen zu diesem Reich Gottes hat Jesus ganz weit aufgemacht. Alle Menschen ohne Unterschied wurden eingeladen und nicht erst nach Klassen und Rängen sortiert. Hinter den offenen Türen erwartete die Menschen der Tisch Jesu. Er war rund und alle fanden Platz.

In der Nähe Jesu wurde die Fülle Gottes spürbar. Unter seinen Händen wurden nicht nur das Brot und die Fische vermehrt, Wasser in Wein verwandelt. Die Menschen haben ihren eigenen Wert entdeckt; sie wurden selber verwandelt.

Jesus hat mit ihnen gegessen. Mehr braucht es an Zeichen nicht: Das Gewöhnliche wird zum Außergewöhnlichen. Noch immer ist es für uns nicht gleichgültig, mit wem wir essen, mehr noch, mit wem wir nicht essen. Die Tischgemeinschaft Jesu kennt diese Unterschiede nicht. Wo diese Unterschiede gemacht werden, leider bis heute, ist das Tischtuch mit Jesus zerschnitten.

Bei einer kurzen Gesprächsrunde fragt einer, als hätte er meine Gedanken erraten: „Wie kann ein Bischof Eucharistie feiern, wenn er weiß, dass er viele Menschen, zum Beispiel Wiederverheiratete, vom Tisch Jesu ausschließt?“

Meine Antwort darauf: „Kein Mensch, der mit Jesus gegessen hat, hier oder später in Jerusalem, war getauft. Niemand wurde vor dem gemeinsamen Essen zur Reue, Buße und Umkehr gedrängt. Bevor einer am Runden Tisch Jesu Platz nahm, musste er keine Bedingungen erfüllen."

Jesus vertraute darauf, dass die spürbare Nähe des Gottesreiches die Menschen verändern, buchstäblich wandeln würde. Auf diese Weise stiftete er Versöhnung an, legte er die Grundlagen zum Frieden. Wo Menschen miteinander essen und trinken, entsteht Gemeinschaft.

Das Ergebnis der Tischgemeinschaft: Die Menschen waren ein Herz und eine Seele. Erst als sie wieder anfingen, zur alten Tischordnung zurückzukehren, als der Runde Tisch Jesu abgeschafft war, als er Ecken und Kanten bekam und Tafeln und Altäre aufgestellt wurden, gab es wieder das Oben und Unten. Die Tischgemeinschaft zerbrach durch die Einteilung der Menschen in würdig und unwürdig, in Gerechte und Sünder.

Die Türen zum Festsaal Jesu wurden durch ein Schild versperrt: „Zutritt nur mit besonderer kirchlicher Erlaubnis."

Unter diesen Gedanken kommen wir in Tabgha an. In der Brotvermehrungskirche finden wir im Altarraum das berühmte und oft kopierte Mosaik: der gefüllte Brotkorb mit den Fischen. Fünf Brote und zwei Fische ergeben die symbolische Zahl Sieben. Die Zahl der Fülle. Brot für viele, Brot für alle.

Ich zitiere an dieser Stelle spontan aus dem Lukasevangelium: „Wenn einer von euch seinen Vater um Brot bittet, wird er ihm wohl einen Stein geben?" (Lk 11,11). Ob Jesus an die von der Kirche Ausgeschlossenen gedacht hat, an die Exkommunizierten, die statt Brot Steine und Schlimmeres bekommen?

Kein See
lässt sich zweimal
auf dem gleichen Weg
befahren

DIESE SZENE LÄSST SICH AM SEE GENESARET leicht vorstellen: heftige Fallwinde, Energie geladen durch die Temperaturunterschiede zwischen Land und Wasser treiben am Abend die Wellen hoch. Ein mit zehn, zwölf Fischern besetztes Boot versinkt im aufgewühlten Wasser und mit der Zeit im Schlamm des Nordufers. Die Männer haben sich vielleicht schwimmend retten können. Oder konnten sie nicht schwimmen, wie man es Fischern und Seeleuten nachsagt?

Wir stehen im Museum des Kibbuz Nof Ginnosar und bestaunen das Gerippe eines Bootes. Die Schriftstelle, die wir bei der Fahrt über den See gelesen haben, wird Realität: „Plötzlich brach über dem See ein Wirbelsturm los; das Wasser schlug in das Boot und die Jünger gerieten in große Gefahr. Da traten sie zu Jesus und weckten ihn; sie riefen: Meister, Meister, wir gehen zu Grunde! Er stand auf, drohte dem Wind und den Wellen, und sie legten sich und es trat Stille ein“ (Lk 8,23f).

Ähnlich aufregend war es wohl 1986. Nach drei sehr regenarmen Jahren war der Spiegel des Sees tief unter den Normalwert abgesunken. In der Nähe des Kibbuz Ginnosar wurden die Reste eines Bootes entdeckt, das aus der Zeit Jesu stammen konnte, wie sich später herausstellte. Ein Glücksfall biblischer Archäologie. Ob es nun wirklich das Boot Jesu war oder irgendein Fischerboot aus der damaligen Zeit interessiert nicht.

Auf Grund dieses Funds haben einige Jahre später findige Geschäftsleute Holzboote in etwas vergrößerter Ausgabe in Ägypten nachbauen lassen. Auf einem dieser vier Boote haben wir den See überquert. Sie tragen die Namen der Evangelisten Matthäus, Markus, Lukas und Johannes.

Hilfreich für die Rekonstruktion des antiken Schiffes war ein Mosaikfund im nahen Migdal, der Heimat der Maria von Magdala, aus dem 1. Jahrhundert n. Chr. Auf dem Bild ist ein Boot mit drei paar Rudern und einem Segel zu sehen. Die Archäologen hatten nun ein Orginalboot und eine Originalabbildung eines Bootes aus der Zeit Jesu. Ein Zusammentreffen, wie es selten vorkommt.

In Luise Rinsers Roman Mirjam wird das Geschehen um das Boot auf dem See so beschrieben:

„Still lag er zwischen den Hügeln diesseits und den Wüstenbergen jenseits. Eine Mondnacht. Weit draußen ein paar Fischerboote. Bisweilen sprang ein Fisch und zeichnete tauchend eine runde Silberspur. Bisweilen ein Rascheln im Schilf. Schön war das. Friede war das und Heimat. Lange saß ich da, ganz eins mit dem Atem der Landschaft, die meine Heimat war.

Plötzlich brach ein Wind auf, von einem Augenblick zum andern, Südwind, ein Sturm bei fast klarem Himmel, ein wilder Sturm, ohne Warnzeichen aufgekommen. Und die Boote weit draußen, der Wind gegen sie. Am Ufer sammelten sich die Frauen der Fischer, die Alten, die Kinder. Die Boote tanzten und tauchten und kamen nicht an gegen die Wellen, und Hilfe konnte man ihnen nicht bringen, kein Boot kam durch die scharfe Brandung.

So plötzlich aber, wie der Sturm aufgekommen war, so plötzlich legte er sich. Kein Nachrollen. Stille. Der See spiegelglatt, und die Boote kamen herein, unbeschädigt und mit vollen Netzen. Freudenrufe und Tränen und Umarmungen.

Aus einem der Boote stieg einer, kümmerte sich nicht um Schiff und Ruder, Fische und Fischer, sondern watete ans Ufer, zog seinen Mantel eng um sich und ging davon, allein und sehr einsam. Einer, den niemand erwartete. Einer ohne Familie. Wer war er?"

Im Roman geht Jesus unerkannt weg. Im Evangelium sammelt Jesus die Fischer um sich. Er folgt bei der Bildung seines Jüngerkreises den Regeln des Fischfangs. Sechs, acht oder mehr Männer mussten das Boot bedienen, die Ruder, die Segel.

Ebenso viele benötigte man um die schweren Schleppnetze ans seichte Ufer zu ziehen, wie damals: „Jesus sagte zu ihnen: Werft das Netz auf der rechten Seite des Bootes aus und ihr werdet etwas fangen. Sie warfen das Netz aus und konnten es nicht wieder einholen, so voller Fische war es ... Dann kamen die anderen Jünger mit dem Boot – sie waren nämlich nicht weit vom Land entfernt, nur etwa zweihundert Ellen – und zogen das Netz mit den Fischen hinter sich her" (Joh 21,6ff).

Während unsere Gruppe durch den alten und modernen Teil des Kibbuz ging, die Kuhställe und die Plantagen mit roten Bananen besichtigte, zog es mich wieder an das stille Ufer des Sees.

Nach Matthäus (Mt 13,1) hat Jesus die Ruhe am Ufer geliebt und sich oft aus dem Haus des Petrus in Kafarnaum hierher zurückgezogen. Die Menschen spürten ihn allerdings oft genug auf und umringten ihn. Es blieb ihm nichts anderes übrig, als sich in eines der Boote zu setzen und von dort aus zu den Menschen am Ufer zu sprechen.

Viel bekannter ist die Bergpredigt, die ebenfalls von Matthäus (und von Lukas) überliefert wird. In der Seepredigt fasst Matthäus sieben Gleichnisse über das Himmelreich zusammen. Sie setzen alle voraus, dass das Reich Gottes bereits mit Jesu Wirken angebrochen ist: Sämann und Senfkorn, Unkraut im Weizen, Sauerteig und Fischnetz, der Schatz im Acker und die gefundene Perle, alles Erzählungen, die den einfachen Menschen ans Herz und unter die Haut gingen.

Die Predigt Jesu hat die Menschen auf die Hügel und Berge Galiläas gebracht oder hierher an den See, heraus aus ihren alten Lebensverhältnissen. Jesus hat ihr Lebensgefühl und ihre profanen wie religiösen Erfahrungen ernst genommen. Die Gottsuchenden entdeckten sich und das Kommende in Jesu Geschichten. Religiöse Spezialisten haben sich an der einfachen Sprache Jesu gestoßen, die einfachen Menschen fühlten sich in ihrem Glück wie in ihrem Unglück verstanden. Jesu Geschichten waren ihre ureigensten Erfahrungen.

Der Glaube muss einleuchtend sein, wie das Licht, das eben nicht unter einen Scheffel gestellt werden darf. Ist der Glaube nicht glaubwürdig, dann taugt er zu nichts; er ist wie das schale Salz, das weggeworfen und zertreten wird. Glaubwürdig ist der Glaube dann, wenn die Menschen erkennen, dass es um ihre Sache geht, weil er mit ihren Lebenserfahrungen übereinstimmt. Deswegen sind sie damals Jesus in Scharen gefolgt; sie könnten es auch heute tun, wenn ihre Art zu glauben anerkannt würde.

Ich wünschte mir, dass alle, die Verantwortung für das Evangelium tragen, und dafür, dass sich die Frohe Botschaft Jesu in unsere Zeit verwandeln kann, sich für längere Zeit an den See zurückziehen würden. Der See würde zu ihnen sprechen, was er aus der Zeit Jesu gespeichert und bewahrt hat. Sicher würde auch das Boot im Museum von Nof Ginnosar zu ihnen sprechen und sagen, dass das Schiff der Kirche nicht im sicheren Hafen herumdümpeln darf, sondern hinausfahren, sich dem Wind und den Stürmen aussetzen muss, um die Menschen zu finden und einzufangen.

Das Hinausfahren ist mit einem Abschiednehmen verbunden. Die Fischer kehren nach einsatzfreudiger, arbeitsreicher Nacht anders zurück als sie hinausgefahren sind. Nicht nur, was den Fang anlangte, der den Lebensunterhalt der Familien sichern sollte. Kein See lässt sich zweimal auf dem gleichen Weg befahren.

Neue Wege muss es geben: Die Muttersprache Jesu hat in der Überlieferung der Evangelien sterben müssen, damit sich die Christus-Botschaft in der Weltsprache Griechisch ausbreiten konnte. Heute gilt es von den römischen Verhärtungen durch Dogmen und Glaubenssätzen Abschied zu nehmen, damit sich der Glaube frei und weltweit entfalten kann in der jeweiligen Sprache und Lebensart der Menschen, in der Jesus noch heute zu den Menschen spricht.

Für jeden Menschen gibt es die Chance zu einem Neubeginn

„HIER HAT JESUS DAS BROT VERMEHRT“, dozierte unser israelischer Reiseleiter, „und sehr früh baute man an dieser Stelle eine Kirche. Ob ein paar Meter rechts oder links, das tut nichts zur Sache.“

„... und wo gibt es einen Platz für den Heiligen Geist?“ Bevor der Satz zu Ende gesprochen war, musste die Fragestellerin über sich selbst lachen. Wir stimmten in das fröhliche Gelächter der Gruppe ein und ich fügte hinzu: „Gott sei Dank! Der Geist Gottes braucht keinen Ort. Er ist frei. Er weht, wo er will. Gottes Geist kann nicht festgelegt werden.“

Am Abend überwältigen mich wieder die Gedanken. Der Nachthimmel über dem See Genesaret schenkte mir dazu die Kulisse.

Auf den Pilgerreisen ins Heilige Land kommt der Gottesgeist zu kurz, obwohl er vor und hinter allem steht. Das mag daher kommen, dass die Plätze und Orte, an denen Jesus gepredigt und gewirkt hatte, sichtbaren Vorrang haben. Sie tragen Namen; sind mit Ereignissen und Geschichten verbunden.

Der Geist Gottes hat keinen festen Platz und kennt keine heiligen Länder. Er ist überall zuhause. Wer ihn festhalten, für sich reservieren wollte, hat ihn schon verloren. Er wirkt, wo er will. Oft erkennen wir sehr spät, was er bewirkt hat oder wo wir es versäumt haben, mitzuwirken.

Deutlicher kann ein Übergang nicht markiert werden als im Bericht des Lukas in der Apostelgeschichte. Es war ein erstaunlich schneller Abschied aus der Sprache und damit der Kultur des Aramäischen, immerhin der Muttersprache Jesu, gelungen. Seine Frohe Botschaft wäre sonst bestenfalls an einer kleinen Gruppe hängen geblieben. Der Geist Gottes öffnete die junge Gemeinde der damals bekannten Welt. Griechisch wurde im ganzen Mittelmeerraum gesprochen, eine Weltsprache, wie es später das Lateinische, das Französische oder das Englische sein würden. Damit stand das Evangelium allen offen.

Das überirdische Geschehen drückt Lukas in seiner eigenen Sprache aus. Er verwendet Bilder des Mythos, einer Darstellungsform, die seinen Zeitgenossen verständlich war:

„Da kam plötzlich vom Himmel her ein Brausen, wie wenn ein heftiger Sturm daherfährt, und erfüllte das ganze Haus, in dem sie waren. Und es erschienen ihnen Zungen wie von Feuer, die sich verteilten; auf jeden von ihnen ließ sich eine nieder. Alle wurden mit dem Heiligen Geist erfüllt und begannen, in fremden Sprachen zu reden, wie es der Geist ihnen eingab“ (Apg 2,3).

Den Zuhörern war die babylonische Sprachenverwirrung, das andere Bild der Mythologie, bekannt, von der die Bibel berichtet. Wer versucht, den Geist festzulegen, zu isolieren, in Türme einzumauern, versteht am Ende sich und die Welt nicht mehr. Denn der Geist ist Beziehung und schafft Beziehungen.

Das ist die große Herausforderung der Christenheit, ein gemeinsames Leben im Geist Gottes zu führen. Noch immer bauen die Konfessionen, erst recht die Religionen an ihren Türmen und errichten Mauern gegen anders Denkende und anders Glaubende.

Jeder Abschied ist mit Verlust verbunden. Biblisch gesehen sind bei der Verabschiedung aus dem semitischen Sprachraum geradezu dramatische Verluste entstanden. Es ging nicht nur der Schriftsinn und damit der Sitz im Leben verloren. Schwere Übersetzungsfehler haben zu Entwicklungen in der christlichen und säkularen Geschichte beigetragen, die beispielsweise für die Juden geradezu tödliche Folgen hatten.

Ich halte es für eine Auswirkung des Heiligen Geistes, der uns heute hilft, vor allem über die Bibelwissenschaft, Ursprüngliches wieder zu holen, um es für unsere Zukunft zu buchstabieren.

Die Pogrome gegen die Juden in den vergangenen Jahrhunderten bis zum millionenfachen Mord durch den Holocaust, haben ihren Grund in der Behauptung, Judas habe Jesus verraten und für 30 Silberlinge an die Machthaber verkauft. Wegen der Namensnähe Judas – Jude galten die Juden schlechthin als geldgierig, als Verräter und schließlich als Gottesmörder. „Ach hätte Judas doch Simon geheißen", klagt Ruth Lapide, die jüdische Philosophin und Theologin, „viel Leid wäre meinem Volk erspart geblieben."

Wen oder was gab es damals eigentlich zu verraten? Es ist an der Zeit, den schrecklichen Übersetzungsfehler von „überliefern" oder „hingeben" hin zum bösartigen und hinterlistigen „verraten" auszumerzen. „Ich gebe mein Leben hin“, so hat es Jesus selber gesehen, so hat er sein Leben und seinen Tod verstanden.

Welcher Priester kann bei der Eucharistiefeier vor der Wandlung noch guten Gewissens sprechen: „In der Nacht, da Jesus verraten wurde ...“? Wenn schon Treue zur Heiligen Schrift, warum nehmen wir dann die Selbstaussage Jesu nicht ernst: „Deshalb liebt mich der Vater, weil ich mein Leben hingebe, um es wieder zu nehmen. Niemand entreißt es mir, sondern ich gebe es aus freiem Willen hin“ (Joh 10,17–18).

Warum eigentlich wurde nie der Apostel Petrus von der Kirche Verräter genannt? Seine dreifache Leugnung Jesu, gar sein Schwur „Ich kenne diesen Menschen nicht“, ist in den Evangelien eindeutig bezeugt. Vom „Verrat“ des Judas weiß Paulus kein Sterbenswort zu berichten, obwohl seine Briefe viel zeitnäher als die Evangelien am Geschehen entstanden sind.

In Wirklichkeit hat Petrus Jesus verraten; nirgendwo wird der „spätere Papst“ aber als Verräter bezeichnet. Es ist für unsere Gruppe eine ergreifende Szene in der Primatskapelle am See: Wir lesen die Stelle, die bezeugt, wie sich der auferstandene Jesus durch die dreimalige Frage: „Petrus, liebst du mich?“ mit dem Erstapostel versöhnt.

„Die Liebe deckt alle Sünden zu.“ Eine Teilnehmerin sagt laut, was die anderen denken. Für jeden Menschen gibt es die Chance zum Neubeginnen.

Doch zurück zum Christentum. Das ist das völlig Neue: Gott tritt in eine Beziehung zum Menschen ein und umgekehrt; ohne dass zuvor eine Leistung erbracht werden muss. „Gratis und umsonst“, wird Martin Luther später schreiben.

Jesus lehrt uns vertrauensvoll zu beten: Vater unser. Wir dürfen zu Gott du sagen; er sagt zu uns du. Ich und du sind die Grundworte unseres Lebens. Du meint den ganzen Menschen. Es ist eine Sünde gegen den Heiligen Geist, nur einzelne Züge eines Menschen zu sehen. Das lässt Vorurteile entstehen, die zu falschen Urteilen führen.

Gott ist Liebe. Davon ist oft die Rede. Genau so nachdrücklich teilt Johannes mit: „Gott ist Geist und alle, die ihn anbeten, müssen im Geist und in der Wahrheit anbeten" (Joh 4,24). Damit erscheint Jesus jeder Generation in neuer Gestalt. Warum sollte er das nicht auch heute in einer Art und Weise, dass wir ihn verstehen und ihm folgen können?

Paulus hat als Erster die Übersetzung Jesu gewagt und seine Botschaft in den ihm vertrauten Kulturkreis hinein buchstabiert. Das ging nicht ohne Widerstand. Freimütig bekennt er, „... als Gott ... mir in seiner Güte seinen Sohn offenbarte, damit ich ihn unter den Heiden verkündige, da zog ich keinen Menschen zurate ..." Paulus verließ sich auf Gottes Geist, der so augenfällig durch ihn wirkte.

Auch in Zukunft werden die Gaben entscheidend sein, die uns der Geist Gottes gibt, die er uns frei und unabhängig schenkt. Er schenkt sie uns nicht zur Bewahrung oder zur Heiligsprechung der Vergangenheit. Wir bekommen seinen Beistand für heute und morgen. Also gilt es, endlich mit dem Buchstabieren des Evangeliums in unsere Zeit zu beginnen.

Wenn wir uns vom Geist Gottes führen lassen, sind wir alle Töchter und Söhne Gottes. Ausdrücklich spricht der Römerbrief nicht von Kindern, sondern von erwachsenen Söhnen und Töchtern, die sich nicht mehr fürchten müssen und selbstbewusst handeln dürfen.

Auch das ist eine völlig neue Wahrnehmung. Gott ist nicht mehr zu fürchten, wie das Knechten gegenüber ihren Herren ansteht. Es ist unerhört und revolutionär, wie das Paulus auf den Punkt bringt: „Zur Freiheit hat uns Christus befreit. Bleibt daher fest und lasst euch nicht von neuem das Joch der Knechtschaft auflegen" (Gal 5,1).

Diese Gotteswahrnehmung sollten wir uns nicht mehr nehmen lassen, vor allem dann, wenn uns irgendwer, und sei es die Kirche, die Hölle heiß machen möchte. Die Freiheit des Gottesgeistes wartet noch immer auf kirchliche Anerkennung.

Der Gottesgeist sagt uns für unsere Zeit, dass das Christentum eine Religion ist wie jede andere, auch wenn es für mich die wahre Religion ist, nach der ich mein Leben ausrichte. Es ist mehr als entlastend, nicht mehr in einer wie auch immer gearteten Konkurrenz zu anderen Religionen zu stehen. Das Evangelium erwartet von uns Gelassenheit. Bis zur Zeit der Ernte, rät Jesus.

Das besondere Wirken des Geistes Gottes erkenne ich auch darin, dass in unserer Gesellschaft bereits von der Wiederkehr der Religion gesprochen wird. Eigentlich war sie totgesagt. Zum Leidwesen der christlichen Kirchen ereignet sich diese Wiederkehr außerhalb ihrer Glaubenssätze.

Es gilt als Erstes von jenen Dogmen Abschied zu nehmen, die heute nicht mehr glaubwürdig sind, damit das Evangelium Jesu für die Suchenden seine Kraft entfalten kann.

Viele Menschen, die (noch) in der Kirche sind, haben längst Abschied genommen. Auch wenn in der Kirche viele durch das Glaubensbekenntnis miteinander verbunden sind, können sie doch nicht mehr alles und nicht immer dasselbe glauben. Das Spektrum des Glaubens weitet sich. „Ich glaube“ bekommt eine neue Bedeutung.

Kein Wunder,
wenn sie
unter all den Steinen
Gott
nicht finden können

AUF EINEM ZERBROCHENEN FRIESSTÜCK der ehemaligen Synagoge von Kafarnaum habe ich sie entdeckt, die mystische Rose. Zart aus dem hellgelben Kalkgestein herausgemeißelt und doch für die meisten unsichtbar. Das Stimmengewirr von drei, vier Pilgergruppen und ihren lautstarken Führern erreichte kaum meine Ohren. Die fünfblättrige Rose hatte mich in ihren Bann geschlagen, für mich mehr als ein Geheimzeichen der Steinmetze und Bauleute.

Im Hebräischen heißt die Rose Schoschana. Jede Blume vergeht, um im nächsten Jahr (Schanah) wieder zu erstehen. Sie ist das Symbol, dass jedes Leben neu ersteht. Da ist kein Grund zum Zweifeln oder zum Verzweifeln. Die Rose symbolisiert Lebenshoffnung. Ob wir deswegen so gerne Rosen verschenken?

Wenig später bin ich ihr wieder begegnet. Beim Abstieg vom Berg Tabor leuchtete sie rot mit einem Hauch Violett aus dem Buschwald. In der Antike war die Rose das Symbol für Verschwiegenheit. Für mich ist sie das Zeichen für das Geheimnis Gottes geworden und für die Sehnsucht der Menschen nach einem Leben, das nie endet.

„Die Menschen bei dir zuhause", sagte der kleine Prinz, „züchten fünftausend Rosen in ein und demselben Garten und doch finden sie dort nicht, was sie suchen. Und dabei kann man das, was sie suchen, in einer einzigen Rose oder in einem bisschen Wasser finden ..." Und der kleine Prinz fügte hinzu: „Aber die Augen sind blind. Man muss mit dem Herzen suchen."

Gott wird in den kleinen Dingen wahrgenommen. Ich erlebe eine Kirche, die alles weiß. Dabei stoße ich mich schon lange nicht mehr an Formulierungen des Katechismus. Ich werde mehr von den selbstsicheren Aussagen verwundet, die von Gott sprechen und über ihn bestimmen, als hätte er selber nichts mehr zu sagen. Erstaunlich, was die Kirche alles von Gott weiß, vor allem was er will.

Auf den zahlreichen Serpentinen vom Tabor herunter fällt das Magnifikat über mich her, das wir eben noch im Wechsel mit der Gruppe gebetet haben. Maria, die mit den Worten der Hebräischen Bibel spricht, wird gerne als „Rosa Mystica", als geheimnisvolle Rose bezeichnet. Hundertfach, so heißt es, „weint" ihre Marienfigur überall auf der Welt.

Weinende Madonnen habe mich noch nie berührt. Denn dahinter steckt nicht selten eine Drohbotschaft: „Wenn ihr euch nicht bekehrt, dann ..."

Worüber weint Maria? Vielleicht darüber: Die Gewalttätigen sitzen noch immer auf ihren Thronen. Sie bestimmen mit Terror und Gegenterror den Lauf der Welt. Sie betreiben eine Politik des Todes, statt des Friedens. Ihre Kriege verschlingen Tag für Tag mehr Geld als Bedürftige in Jahren nicht zur Verfügung haben.

Die Kleinen werden klein gehalten. Kinder verhungern zu Tausenden, während die Reichen sich ihre Besitzungen mit Elektrozäunen vor der Begehrlichkeit der Habenichtse schützen. Das Kapital entscheidet, wohin das Geld fließt, wo die Güter der Erde aufgehäuft und verprasst werden auf Kosten der Armen. Nein, sie gehen nicht leer aus, die Reichen.

Oder, das frage ich jetzt die Rosa Mystica, sollten wir das Magnifikat als Vision sprechen, als Hoffnungsworte? Doch was haben die durch Hunger, Unterdrückung, Terror und Krieg geschundenen Menschen von einer solchen Zukunftspredigt? Vertröstet auf den „St. Nimmerleinstag" wurden sie schon immer.

Mein Blick fällt vom Tabor auf das kleine Dorf Nain. Es besteht wie zur Zeit Jesu nur aus wenigen Häusern, obwohl der Evangelist vom Stadttor spricht, aus dem man eben einen Toten herausträgt, den einzigen Sohn, die ganze Hoffnung einer Witwe. Jesus ließ sich vom Leid der Witwe anrühren. Wir bei unserem Besuch von der bitteren Armut der Kinder von Nain, denen ein Schekel, etwa 20 Cents nicht zu wenig waren, um „todaraba", Danke, zu sagen.

„Du bist abgestorben, wie tot", hörte ich meine Rose flüstern. Ich drehte mich um, aber die Blume spielte verlegen im Wind mit ihren safrangelben Blütengriffeln. Als ich mich wieder Nain zuwandte, hörte ich, wie sie weiter sprach:

„Ich lehre dich mein Geheimnis: Aufmerksam, wach in dieser Welt zu leben. Das ist der Anfang auf dem Weg zu Gott. Du kannst noch so viel über ihn reden und predigen; es wird dir und anderen wenig nützen. Du musst ihn lange genug in dich hineinlassen, bis es zu sprechen beginnt. Aber das ist noch nicht Gott.

Ich bin es vielleicht, der dir hilft, die Kreuze der Rechtlosen, Unterdrückten, Aidskranken zu sehen. Die Kreuze der Geschiedenen, der Kinder, die aus der Bahn geworfen wurden und sie mit deiner Frage vor Gott zu stellen. Vielleicht bekommst du eine Antwort, vielleicht ..."

Unter der mystischen Stimme in meinem Rücken tauchte das Gebet einer indischen Frau wieder auf, das mich bereits bei der Lesung an der Brotvermehrungsstelle überfallen hatte: „Jeden Tag um zwölf in der Mittagshitze kommt Gott zu mir in Gestalt von zweihundert Gramm Haferbrei. Ich spüre ihn in jedem Korn, ich schmecke ihn in jedem Löffel voll, ich halte Mahl mit ihm, wenn ich schlucke, denn er hält mich am Leben mit zweihundert Gramm Haferbrei. Jetzt weiß ich, dass Gott mich liebt."

„Du hast es begriffen", sagte die Rose und erzitterte in ihren Blütenblättern, die immer ein bisschen aussahen, als hätten sie ein Bügeleisen nötig, „Gott ist im Haferbrei."

„Aber sie bauen Gott noch immer und überall Kirchen und Tempel", hörte ich meine Rose weiter flüstern, „sie häufen nichts als Steine aufeinander. Kein Wunder, wenn sie Gott unter all den Steinen nicht mehr finden können."

Ich blickte die Rose erstaunt an. Konnte sie Gedanken lesen? Gerade hatte ich angesichts dieser herrlichen Landschaft rund um den Tabor gedacht, dass alles, was wesentlich war, von Jesus im Freien gesagt worden war, mitten in der Natur, auf einem Berg, am See. Unter freiem Himmel hatte er das Brot mit den Menschen geteilt, den Fisch. Auch für die Gäste der Hochzeit von Kana gab es kaum einen Festsaal.

„Ja", antwortete ich meiner Rose, „Jesus wäre zu allerletzt auf die Idee gekommen, eine Kirche zu bauen. Er liebte die Blumen, die Bäume, die Vögel zu sehr ..."

„Weißt du, Kirchen können wie Gräber sein", hörte ich meine Rose noch sagen.

Am Parkplatz wartete der Bus, der uns zurückbringen sollte. Die meisten aus unserer Pilgergruppe waren durch den langen Tag und den Weg vom Berg herunter müde geworden, sie freuten sich auf das Hotel.

Mich gab die Rose noch nicht frei: „Der Glaube kommt vom Hören“, flüsterte sie in das sanfte Rauschen der Klimaanlage. „Seit die Botschaft Jesu aufgeschrieben wurde, hat sich das Christentum zu einer Wortklauberei verengt. Das müsst ihr wieder lernen: Es geht nicht um Wörter und Wörter. Es geht um eure geheimnisvolle Beziehung zu Jesus.“

Worte haben nur die Aufgabe, an Jesus und an den Ursprung des Evangeliums zu erinnern. Das Christentum ist eine Erzählgemeinschaft, die sich an den Ursprung erinnert, aber nicht die Vergangenheit festhält. Das zeigt jeder Gottesdienst, den wir feiern: Die Spur Jesu muss in die Gegenwart und in die Zukunft gelegt werden.

Es macht deswegen wenig Sinn, sich nur an die Glaubenserfahrungen eines Abraham, eines Mose oder eines König David zu erinnern. Wir können nicht nur an den Verfassern der Evangelien oder der Briefe hängen bleiben. Es geht auch um unsere eigenen Gotteserfahrungen. Sie gilt es ernst zu nehmen; sie sind genau so wichtig wie die Überlieferungen in den Heiligen Schriften.

Ich empfand es wie ein kleines Wunder, als mir beim Aussteigen aus dem Bus eine Teilnehmerin eine Rose überreichte; meine Rose. Mir war, als lächelte sie mir zu.

Warum verkünden wir den bereits Erlösten nichts anderes als die Erlösung

SIE WAREN ZU DRITT und beobachteten uns genau. Gelegentlich flüsterten sie sich etwas zu. Wenn der Ältere etwas sagte, nickten die beiden anderen zustimmend. Ich konnte nicht verstehen, was sie sagten. An der Banjasquelle, einer der drei Jordanzuflüsse, feierte unsere Gruppe Eucharistie. Wir hatten Brot und Wein und unsere Gemeinschaft. Mehr brauchten wir nicht, um Jesus unter uns zu wissen. Achtlos zogen Menschen an unserer Nische vorüber, in der das sprudelnde Wasser des Jordan zu hören war. Die drei Buben blieben am Geschehen interessiert bis zum Schluss.

Als wir Brot und Wein teilten, zögerte ich und verwarf dann meinen spontanen Gedanken, die Kinder teilhaben zu lassen. Später kramte ich in meinem Rücksack und suchte vergeblich nach Bonbons oder Schokolade. Verpasste Gelegenheit? Ich ärgerte mich über mich und dachte, wie geht es den Menschen bitter nach, wenn sie vorsätzlich von der Eucharistie ausgeschlossen werden. Per kirchlichem Gesetz.

Warum? Ich denke mir, dass da grobe Missverständnisse Pate gestanden sind: Der Mythos von „Fleisch und Blut“ Jesu, der mir als Kind Schwierigkeiten, wenn nicht gar Angst gemacht hatte, zum Beispiel.

Unsere Pfarrer beharrten bei ihren Predigten darauf, Brot und Wein seien nach der Wandlung wirklich „Jesu Fleisch und Blut“. Eigentlich hätten schon Jesu Landsleute die Symbolsprache verstehen müssen. Das Missverständnis ist bis in unsere Tage geblieben.

Ich suche nach einem anderen Wort und finde „einverleiben“ viel besser. Dieses Wort hat im Deutschen einen schönen doppelten Sinn: Wenn ich mich an den gedeckten Tisch setze, dann kann ich mir die guten Sachen einverleiben. Ich habe nicht nur einen guten Geschmack auf der Zunge, ich kaue und schlucke nicht nur mit Vergnügen die guten Sachen, ich tanke neue Energie, die mein Körper braucht. Und: Ich bin dankbar für die Menschen, die dafür Liebe und Sorge aufgewandt haben.

Wir können uns die Worte, die Ideen und die Visionen anderer einverleiben, so intensiv, dass sie in uns wirken und ihre Kraft entfalten. Damit sind wir bei dem, was Jesus gemeint hat: Wenn wir seinem Leben und damit seiner Liebe folgen, wenn wir uns Jesus Christus einverleibt haben, dann findet er sich in uns wieder. Jesus erwacht und lebt in unserem Glauben. Er lebt und wirkt in unseren Taten.

Die Hand, die einem anderen ein Stück Brot gibt, oder zur Versöhnung gereicht wird, ist seine Hand. Der Kuss, den sich Liebende geben, der Arm, der tröstend um einen Sterbenden gelegt wird, ist seine Zärtlichkeit. Das ist das Brot, das uns nährt, der Wein, der so kostbar ist, weil wir an Jesu Wort und Werk erinnert werden und er durch uns wirken kann.

Das alles gehört zu Jesu Fleisch und Blut. Es ist also höchst sinnvoll, Eucharistie zu feiern. Wer sich Jesus einverleibt, wird keine Rachegedanken hegen, sondern suchen, was Frieden schafft. Er wird keine Gewalt anwenden, sondern mit der Zärtlichkeit und Kraft des Wassers arbeiten, um mehr Gerechtigkeit durchzusetzen. Er wird sich klein machen, damit andere neben ihm wachsen und sich entwickeln können.

Wir wanderten das Tal hinunter, das sich der junge Jordan durch das starke Gefälle gegraben hat. In Gedanken begleiteten mich die drei. Drusenjungen vermutlich, denn nicht weit entfernt lag ein Dorf dieser besonderen religiösen Gruppe.

Die Drusen haben keine heiligen Schriften. Ihr Glaube ist zwar von der muslimischen Tradition geprägt. Doch die Unterschiede zum Islam sind so groß, dass wir von einer eigenständigen Religion sprechen. Mohammed wird als Prophet ebenso abgelehnt wie der Koran als absolute Offenbarung Gottes. Die Gläubigen werden in Unwissende und Eingeweihte eingeteilt. Die Eingeweihten, sowohl Männer als auch Frauen, sind Hüter und Bewahrer der Religion und ihrer Geheimnisse, die den Unwissenden nicht bekannt sind. Erkennbar sind die Eingeweihten daran, dass sie eine weiße oder schwarze Kopfbedeckung tragen. Die Drusen auf dem Golan leben von der Landwirtschaft und von den Pilgern und Touristen, die sich ein hauchdünnes Brot mit Schafskäse oder Honig bestreichen lassen, Honig oder Früchte kaufen, sich ein typisches Mahl schmecken lassen.

Inzwischen spielten die drei Jungen am Fluss, der hier schon ganz kräftig war, und warfen Steine in die Strömung. Zwecklos war ihr Spiel, aber es machte ihnen Freude. Meine Gedanken waren immer noch bei Brot und Wein. Hatte Jesus nicht die offene Tischgemeinschaft gewollt, hätte er nicht gerade mit Kindern geteilt?

Wir essen immer mit den gleichen Leuten. Wir verkündigen den bereits Erlösten nichts anderes als die Erlösung. Wir halten unsere Leute zusammen. Die Kirche soll gerade nicht die Versammlung der Geretteten sein. Jesus sandte uns an die Hecken und Zäune; wir bleiben lieber unter uns. Es soll Bischöfe geben, die von einer kleinen, aber gut zu leitenden Herde träumen.

Das müssen Forellen sein, dachte ich, als wir die uralte Brücke an der Getreidemühle überquerten. Sie wird noch von Beduinen in Funktion gehalten. Die Fische standen gegen die Strömung und warteten darauf, was ihnen das Wasser an Nahrung ins Maul spülte.

Fische, die haben wir in der Liturgie der Kirche unterschlagen. Obwohl Fische zum Geheimzeichen der jungen Christenheit geworden waren. Brot, Wein und Fisch hat Jesus den Seinen gereicht. Warum wurde das vergessen? Für den regelmäßigen Kult waren Brot und Wein bequem. Aus dem Brot, das es zwischen den Zähnen zu beißen galt, wurde eine hauchdünne Hostie. Vom Wein blieb nur ein Schluck für den Priester übrig: Eine ausdrucksstarke Symbolik ist auf das Geringste zusammengeschrumpft.

Ich sehe die Stelle am See direkt vor mir, wo der auferstandene Jesus den Jüngern gebratenen Fisch reicht und mit ihnen isst. Es ist die gleiche Szene, da Petrus, der eigentliche Verräter, wieder in die Tischgemeinschaft aufgenommen wird. Dreimal wird er gefragt: „Liebst du mich?" Das Mahl mit Brot und Fisch, vermutlich war auch Wein dabei, hatte eine heilende, versöhnende Bedeutung.

So einfach war das damals. Mit Jesus essen und alles ist vergeben und vergessen. Die Kirche verweigert den „Sündern" diese versöhnliche Gemeinschaft und hat vor die Teilnahme am Mahl einen Katalog mit Bedingungen gesetzt.

Heilsame, heilende Gemeinschaft. Wie weit sind wir durch die Exkommunikationen davon entfernt. Brot, Wein und Fisch aus der Hand Jesu zielen auf Gemeinschaft, Gerechtigkeit, auf soziale Neuordnung.

Als wir aus dem Jordangraben auftauchen und schweißgebadet die Ebene gewinnen, wartete bereits eine ältere Drusin auf uns und bot uns hauchdünnes, über einem Kesselofen gebackenes Fladenbrot an. Ihr Sohn bestrich die Fladen mit Käse, dabei hielt er das Handy hinters Ohr geklemmt. Mit wem er wohl gerade Verbindung hat? Die alte Zeremonie und moderne Technik scheinen sich zu verstehen.

Als ich den jungen Mann beobachte, fällt mir der Film „Die syrische Hochzeit" ein und wirft mich in die schwierige politische Situation zurück: „Eine junge Drusin lebt mit ihrer Familie auf den von Israel besetzten Golanhöhen und heiratet auf die andere Seite der Grenze nach Syrien. Sobald sie zu ihrem Mann nach Syrien zieht, darf sie nie wieder ihre Familie in Israel besuchen." Das sind noch immer die Realitäten. Die Liebe von Einzelnen hat noch nicht die Kraft zu heilen, zu versöhnen und Frieden zu schaffen.

Über das Drusenzelt hinaus schaue ich zu den nahen Golanhöhen, deren eindrucksvolle Basaltkuppen militärisch genutzt sind. Je mehr Menschen es wagen, denke ich, Grenzen zu überspringen, desto löcheriger, desto überflüssiger werden sie.

Ich schließe die Augen. In mir tut sich das Rund unserer Kirche auf. In vielen Jahren haben wir Grenzen abgetragen und Mauern eingerissen. Jetzt feiert eine bunte Schar mit uns Sonntag für Sonntag die Eucharistie. Noch nie haben wir einen Menschen ausgeschlossen. Gott sei Dank!

Ich beobachte Freddy. Der Stadtstreicher steht jeden Sonntag am Turm, um sich von den Kirchgängern ein paar Cent schenken zu lassen. Er folgt dem Gottesdienst über den Lautsprecher, kommt zur Gabenbereitung in die Kirche, legt etwas ins Opferkörbchen. Hinterher sitzt er mit uns bei Kaffee und einem Bier beisammen.

Ich sehe Tom, den schwulen Sozialarbeiter. Die Behinderten in seiner Wohngruppe lieben ihn, weil er sein Leben mit ihnen Tag und Nacht teilt und sie teilhaben lässt, an einer Welt, die ihnen sonst verschlossen bleibt. Er hat sich gerade von seinem Lebensgefährten getrennt.

Ich höre Laura zu, geschieden und inzwischen wiederverheiratet, sie liest aus einem Brief des Apostels Paulus an die Gemeinde von Ephesus: „Ihr seid nicht mehr Fremde, sondern Hausgenossen Gottes ..."

Ich lausche Nik, lange Ministrant, am Schlagzeug unserer Band. Er ist vor Jahren aus der Kirche ausgetreten. Als er sich beim Standesamt abgemeldet hatte und ich davon erfuhr, reichte er mir fröhlich die Hand und sagte: „Zwischen uns ändert sich nichts!"

Da sind Steffen und Lena, die zwei Kinder haben und seit zehn Jahren ohne kirchlichen Trauschein zusammenleben. Dann kommt Franz, ehemaliger Benediktiner mit seiner Frau. Martin, der sich in seiner Kaplanszeit in eine Frau verliebte und sein Amt aufgeben musste. Ali Muhmat, den es statt in die Moschee zu uns zieht ...

Eine bunte Tischgemeinschaft hat sich Jesus zusammengestellt, gegen die geschriebenen Gesetze der Kirche.

Die drei Jungen tauchen plötzlich wieder auf. Ich spendiere ihnen eine Cola. Dann essen wir zusammen ein Fladenbrot, auf ihren Wunsch mit Nusscreme bestrichen, wahrscheinlich Nutella – welch ein Fortschritt! Sie wissen nicht, warum ihnen das geschieht; die Freude ist ihnen ins Gesicht geschrieben.

Der Tod
gehört zum Leben;
mit dem Sündenfall
hat er nichts
zu tun

ZU UNSEREM GLÜCK war die Primatskapelle, umflossen von kleinen Quellen, die in dem Garten am Fuße des Bergs der Seligpreisung inmitten alter Bäume entspringen, menschenleer. Die Kapelle wurde aus schwarzem Basalt erbaut, wie er sich im oberen Teil Galiläas findet. Vor dem Altar ein Felsblock, ein Tisch. Hier soll der Auferstandene mit seinen Jüngern Mahl gehalten haben. Hierher wird auch der Auftrag an Petrus verlegt, die Herde zu weiden.

„Als sie an Land gingen, sahen sie am Boden ein Kohlenfeuer und darauf Fisch und Brot. Jesus sagte zu ihnen: ‚Bringt von den Fischen, die ihr gerade gefangen habt'. ... Jesus sagte zu ihnen: ‚Kommt her und esst!' ... Jesus trat heran, nahm das Brot und gab es ihnen, ebenso den Fisch" (Joh 21,9).

Auf den Fisch hatten wir vergessen. Es wäre etwas anderes gewesen als hinterher im Trubel eines belebten Restaurants in Tiberias. Wir teilten uns wenigstens Brot.

Der St. Petersfisch wird tonnenweise aus dem See geholt. Das Hauptmerkmal des karpfenähnlichen Fisches ist ein dunkler Fleck mit hellem Ring nahe der Kiemen. Der Legende nach sind das die Fingerabdrücke des hl. Petrus: Als dieser über den See Genesaret fuhr, entfiel ihm ein Zinsgroschen. Den schnappte sich der Fisch. Doch Petrus griff sofort zu und holte sich das Geldstück zurück. So blieben seine Fingerabdrücke als Mal zurück. Das Fleisch ist ein einziger Wohlgeschmack.

Primatskapelle, der Titel der Kirche erinnert an die Vorrangstellung, die Petrus in der Kirche einnehmen würde. Historisch gesehen war es ein langer und nicht immer ein dem Evangelium entsprechender Kampf, bis aus den Nachfolgern des Apostels der Papst in Rom werden konnte.

Primat meint die Vorrangstellung des Papstes. Damit verbunden ist die Rechtsgewalt und die Lehrgewalt. Glaubenssatz wurde die Vorrangstellung des Papstes allerdings erst in einer sehr umstrittenen Abstimmung beim 1. Vatikanischen Konzil. Manchmal, so scheint mir, haben die Päpste die Kirche mehr geprägt, mehr bestimmt, als Jesu Worte.

Viel bedeutungsvoller als die Höhen und Tiefe der Papstgeschichte schien uns an dieser Stelle die Erinnerung an die peinliche Befragung des Simon Petrus. Dreimal wurde er von Jesus gefragt: „Liebst du mich?“ Der Zusammenhang zum dreimaligen Verrat in Jerusalem ist eindeutig. Dreimal antwortete Petrus: „Herr, du weißt, dass ich dich lieb habe.“ Dreimal bekommt er den Auftrag, die ihm anvertraute Herde zu weiden. Von Herrschaft und Gewalt ist dabei nicht die Rede.

Als wir vor der Kapelle auf den Steinen sitzen und über die Weite des Sees schauen, wird uns die Größe Jesu bewusst, der seine Fragen an Petrus mit keinem Hauch des Vorwurfs oder der Enttäuschung verbindet: Die Liebe deckt viele Sünden zu, hat Jesus bei der Begegnung mit der Sünderin gesagt. Hier wird es noch einmal deutlich: Die Liebe heilt. Sie heilt alles.

Im Geist dieser Liebe ist große Vorsicht angebracht, wenn Autoritäten Gott für sich in Anspruch nehmen. Hinter allen menschlichen Titeln steht letztlich ein Herrschaftsanspruch, selbst noch hinter dem Titel des Papstes: „Diener der Diener Gottes". Davor warnt Jesus ausdrücklich: „Ihr sollt euch nicht Rabbi, Meister, Lehrer, Vater nennen lassen ..."

Seltsam, die eindringlichen und eindeutigen Worte Jesu werden ebenso überhört, wie sein Verbot, zu schwören.

Primat, das ist ein gefährliches Wort. Der Vorrang eines Menschen steht gegen die Gleichrangigkeit aller Menschen vor Gott; der Primat schafft ein Oben und ein Unten.

Den Gleichrang aller demonstriert Jesus auffällig oft im gemeinsamen Mahl mit Menschen, die als Sünder angesehen wurden und deshalb ausgegrenzt wurden. Im gemeinsamen Essen setzt Jesus das Zeichen der Versöhnung; er erwartet nicht einmal ein Sündenbekenntnis oder eine Bekehrung als Voraussetzung.

Diese Aussöhnung musste vor seinem Weggehen mit Petrus und den anderen Jüngern stattfinden, hier am See, wo alles begonnen hatte. Jesus ist den Seinen buchstäblich nachgegangen und reicht ihnen Brot und Fisch. Ganz anders die Kirche, die in den deutschen Bischöfen jüngst wieder das Mittel der Exkommunikation, des Ausschlusses aus der Gemeinschaft, als Beugestrafe im Falle des Kirchenaustritts betont hat. Wo ist da der Geist Jesu zu spüren? Von seiner Zuwendung, Wärme und Einladung an alle ohne Unterschied findet sich kaum eine Spur.

Im See spiegeln sich indessen für uns die Augen Gottes und sagen uns: Weil ich euch suche, lasse ich mich finden. Wir empfinden das in dieser noch weithin ursprünglichen Landschaft besonders eindringlich.

Eine zweite deutschsprachige Gruppe kommt, in heftige Diskussionen verstrickt, den Kiesweg von der Straße herunter und versammelt sich vor dem Eingang zur Kapelle. Ich höre, wie der begleitende Priester, unverkennbar an seinem weißen, dreifingerbreiten Kollarkragen, erklärt: „Hier wurde Petrus zum Erstapostel erklärt, hier wurden ihm die Schlüssel des Himmelreiches übertragen, hier bekam er die Vollmacht zu lösen und zu binden ..."

Einmal abgesehen davon, dass diese „Übertragungsrechte" an anderer Stelle, nämlich in Cäsarea Philippi, an der Banjasquelle des Jordan lokalisiert sind, solche plakativen Zuweisungen sind gefährlich; sie enthalten nur die halbe Wahrheit. Die kann manchmal gefährlicher sein als eine glatte Lüge.

Beim Lösen und Binden ist die Kirche oft nicht den Spuren Jesu gefolgt. Jesus hat die Begegnung mit ihm oder Gott nie an Bedingungen geknüpft, weder an einen bestimmten Lebenswandel, noch an ein Schuldbekenntnis. Er vertraute darauf, dass die Menschen aus dem Zusammensein mit ihm, den Mut fänden, ein neues Leben zu beginnen.

Unsere Kinder müssen – in den meisten Gemeinden – immer noch zuerst zur Beichte, bevor sie zum eucharistischen Mahl zugelassen werden. Von vorneherein ist der Ernstkommuniontag negativ belastet. Die Eucharistie wird zur Belohnung für Wohlverhalten degradiert.

Vor der Liebe Jesu steht die Sündhaftigkeit des Menschen. Die Kirche setzt auf Anstrengung, Leistung und Willen; Jesus auf Heilung durch Annahme und Liebe.

Zwei Worte gehen Jesus offenbar leicht über die Lippen: „Friede sei mit euch" und „Die Sünden sind dir vergeben". Er sagt Menschen Frieden und Vergebung selbst dort zu, wo sie es nicht erwarten. Zwei Worte, die uns zeigen, dass der Erlösung nichts hinzuzufügen ist.

„Erlöster müssten die Christen aussehen ..., wenn ich an ihren Erlöser glauben sollte", hat es Nietzsche formuliert und klar gemacht, dass es einen direkten Zusammenhang zwischen Jesus Christus und den Christen geben muss. Wenn die Erlösten unerlöst aussehen, nehmen sie dem Evangelium seine Kraft.

„Ich habe seit vielen Jahren nicht mehr gebeichtet." In der abendlichen Runde hing diese Aussage eines Reiseteilnehmers für einige Zeit in der Hotelhalle, bis ein Gegenüber die Frage stellte: „Was ist überhaupt Sünde? Damit komme ich nicht zurecht."

Ich freute mich darüber, dass die Meditationen und Schriftworte an den Heiligen Orten Wirkung zeigten und zum Nachdenken anregten. Deshalb fügte ich die Frage hinzu: „Ist der Tod die Strafe für die Sünde der ersten Menschen?"

Diese uralte Behauptung setzt ein Bild von Gott voraus, der die Menschheit aller Zeiten in Haftung nimmt für das Versagen eines Paares, das wir Adam und Eva nennen. Die ersten Menschen haben Gott böse gestimmt und jetzt müssen sie zusehen, wie er wieder ausgesöhnt werden kann.

„Jesus hat sich am Kreuz geopfert und Gott mit den Menschen versöhnt", warf eine Teilnehmerin ein.

Ich sehe es anders: Seit Jesus Christus hat Gott eindeutig nichts mehr zu tun mit den Rachegedanken, die man ihm angedichtet hat. Der Tod gehört zum menschlichen Leben und hat mit der mythischen Erzählung vom Sündenfall nichts zu tun. Die Mythen erzählen in Geschichten, wie die Welt geworden ist, so wie wir sie erleben. Diese Deutungen sind menschlich, nicht göttlich.

Dürfen wir uns vorstellen, dass der Ungehorsam zweier Menschen eine so große Macht gehabt hätte, Gottes Schöpfung, Gott selber zu verändern? Wir müssen uns von den Behauptungen der Erbsünde und ihren schlimmen religiösen Folgen, bis hin zu den Gedanken, ungetaufte Kinder würden bei ihrem vorzeitigen Tod nicht von Gott als „seine Kinder" angenommen, endlich verabschieden.

„Was ist dann Sünde?" Trotz der fortgeschrittenen Stunde gewinnt die Auseinandersetzung in der Runde an Tiefe.

Uns Kindern wurde der Ungehorsam gegen Gottes und der Kirche Gebote als Sünde bezeichnet. Aber nicht der Gehorsam ist die Mitte unseres Glaubens, sondern das Vertrauen. Wenn wir gegen die Gebote der Kirche verstoßen, kann uns die Kirche vergeben. Wenn wir gegen Gottes Gebot verstoßen, kann die Vergebung nur von Gott kommen.

Um die Frage zu beantworten: Für mich ist Sünde Mangel an Vertrauen und das Versagen in der Liebe. In beiden Fällen versündigen wir uns am Leben: am Leben des Nächsten, am Leben mit Gott, an unserem eigenen Leben und seinen Entfaltungsmöglichkeiten.

Fragen wir den Evangelisten Johannes: „Jesus sagte zu den Jüngern: Friede sei mit euch! Wie mich der Vater gesandt hat, so sende ich euch. Dann hauchte er sie an und sprach zu ihnen: Empfangt den Heiligen Geist! Wem ihr die Sünden vergebt, dem sind sie vergeben; wem ihr die Vergebung verweigert, dem ist sie verweigert" (Joh 20,22).

Das ist für mich eine wichtige Stelle. Aber sie erscheint so, als gäbe es für die Jünger Jesu (und damit für die Kirche!), die Möglichkeit nicht nur Sünden zu vergeben, sondern auch die Vergebung zu verweigern.

Dieses Missverständnis hängt nach Aussagen von Bibeltheologen an einem griechischen Wort, das eine negative und eine positive Bedeutung haben kann. Es wurde mit dem negativen Akzent ins Lateinische und von da in unsere Sprache übersetzt.

„Jetzt wird es interessant", warf der jüngste Teilnehmer unserer Gruppe ein.

Ich will es kurz machen und den Sinn der Worte Jesu – nur darauf kommt es an – so deuten: Statt negativ „verweigern“ müsste es positiv heißen: „Walten lassen.“ Also: Lasst Liebe walten! Die Aufforderung zur Vergebung und zur Liebe entspricht dem Geist Jesu. Wo ihr die Liebe walten lasst, hat die Sünde keinen Platz. „Liebe, und dann tu, was du willst“, hat es Augustinus ausgedrückt.

Jeder soll wissen,
dass er
mit der Liebe
auf dem
richtigen Weg ist

BEVOR WIR DEN SCHÖNEN TEXT aus dem Johannesevangelium lesen, der das erste Zeichen Jesu überliefert, Wasser wird zu Wein, wollte ich in der Seitenkapelle der kleinen Kirche zu Kana erst einmal eine Kontrastgeschichte erzählen:

Ein armes Hochzeitspaar bat die Gäste, zum Fest Wein mitzubringen und in das Fass am Eingang des Festsaals zu gießen. Damit könnten dann die Gäste versorgt werden. Weil aber alle Wasser mitbrachten, weil sie dachten, ihr Anteil würde im Wein der anderen nicht auffallen, gab es gleich zum Beginn des Festes eine bittere Enttäuschung, als im Fass nur blankes Wasser war. Das Fest fiel aus.

Ohne Jesus wäre das Fest des Hochzeitspaares, das, wie im Orient üblich über einige Tage gefeiert wurde, nicht ausgefallen, es hätte ein unschönes Ende genommen. Wir haben bei unseren Überlegungen zum Evangelientext den Blick auf die Menge des Weines und auf seine besondere Qualität gerichtet. Auffällig waren für uns, die wir auf allerlei, wohl auf einem Sperrmüllplatz zusammengetragenen Stühlen und Sesseln saßen und im Hintergrund das vielfältige Halleluja einer anderen Pilgergruppe hörten, zwei kleine Bemerkungen des Evangelisten.

Zuerst die besonders gute Qualität des Weines. Wir erinnerten uns an Jesaja, der in einer Vision vom kommenden Gottesreich träumt. Von was träumt ein bettelarmer Prophet? Er träumt von einem Gelage, von ungewohntem Überfluss: „Der Herr der Heere wird auf diesem Berg für alle Völker ein Festmahl geben mit den feinsten Speisen, ein Gelage mit erlesenen Weinen, mit den besten und feinsten Speisen, mit besten, erlesenen Weinen“ (Jes 28,5).

Jesus hat bewusst diesen Traum aufgegriffen und erfüllte ihn für das arme Hochzeitspaar, für die Gäste und für uns zeichenhaft, als wolle er damit sagen: Wenn es genug zu essen und zu trinken gibt, wenn niemand mehr Hunger und Durst leiden muss, dann ist das Reich Gottes schon da. An euch, den „Dienern“ liegt es, dafür Sorge zu tragen, dass für möglichst viele Menschen aus Wasser Wein werden kann.

600 Liter Wein sollen es nach den Berechnungen der Fachleute gewesen sein, die Jesus dem Paar schenkte.

In dem Laden gegenüber der Kirche wird uns in kleinen Bechern Hochzeitswein serviert. Auch da muss ein kleines Wunder geschehen, denn rund um die Siedlung Kana finden sich nur noch wenige Weingärten. Das ist für uns nicht so wichtig. Der kleine Ort strahlt noch immer etwas Besonderes aus und wären es nur die beiden Türme der katholischen „Hochzeitskirche“, die Bräutigam und Braut symbolisieren.

Soweit können menschliche Sexualität und Erotik von der Liebe Gottes nicht entfernt sein, wenn Jesus sie durch sein Mitfeiern und durch dieses Zeichen heiligt. Das erste Zeichen des kommenden Reiches Gottes ist Wein in Fülle. Darüber sollten wir uns freuen.

Geheiligt hat Jesus, der nach unserem Wissen unverheiratet blieb, obwohl es für den jüdischen Rabbi, im Gegensatz zum katholischen Priester, geradezu Pflicht war, zu heiraten, durch seine Teilnahme die menschlichen Beziehungen, die den ganzen Menschen mit Leib und Seele umfassen. Je intimer unsere Beziehungen werden, um so stärker werden sie sexuell bestimmt.

Es ist auffällig, dass von Jesus kein Wort zur Sexualität des Menschen überliefert ist. Ganz im Gegensatz zu einer Kirche, die das sechste Gebot zum Schrecken vieler Generationen zum Hauptgebot gemacht hatte. Daran ist die Beichte gescheitert, denke ich spontan, weil die Intimität des Schlafzimmers in den Beichtstuhl gezerrt wurde.

Geheiligt hat Jesus die Ehe, die Wurzel und Modell menschlicher Freundschaften ist und sich beispielhaft für unser Zusammenleben im Rhythmus von Geben und Nehmen, von Nehmen und Genommensein entfaltet.

Wenn Jesus auf der Hochzeit zu Kana eine Predigt gehalten hätte, dann hätte er dem Brautpaar und seinen Gästen etwas ganz Neues verkündet: Mein Evangelium für euch ist die Offenbarung, dass Freundschaft und Liebe möglich sind, dass der Mensch frei ist, zu lieben und sich nicht fürchten muss, in Freundschaft und Liebe aufzugehen, sich hinzugeben und angenommen zu werden. Liebe und Freundschaft bereiten uns auf Gott vor, der mich zu euch sagen lässt: Ich nenne euch nicht mehr Knechte; ich nenne euch Freunde.

Die Kirche muss viel stärker, jedoch nicht mit Verboten, auf die emotionale Sehnsucht des Menschen nach Einheit mit einem anderen Menschen eingehen. Diese Sehnsucht gilt nicht nur für Mann und Frau. Sie gilt für Männer. Sie gilt für Frauen.

Die Kirche muss verstehen lernen, dass die Menschen Ängste haben vor der Vereinigung wie vor dem Scheitern ihrer Beziehungen. Der Mensch hat eine tiefe Sehnsucht nach Liebe, Freundschaft und Glück, zugleich aber die Sorge, sich selbst zu verlieren.

Die Sendung Jesu ist es, uns zu sagen, dass Gott ein „Liebhaber der Liebe" ist. Jeder soll wissen, dass er mit der Liebe auf dem richtigen Weg ist.

Wir kehren noch einmal zum Text zurück: „Am dritten Tag fand in Kana in Galiläa eine Hochzeit statt und die Mutter Jesu war dabei. Auch Jesus und seine Jünger waren zur Hochzeit eingeladen" (Joh 2,1–2).

Statt sich am köstlichen Wein und dem Überfluss zu erfreuen, sind die Ausleger der Bibel am Wort vom „dritten Tag" hängen geblieben. Sie haben es so gedeutet, als sei damit bereits eine Ahnung auf Jesu Tod und Auferstehung überliefert.

Wie nicht selten, ist die Lösung viel einfacher und nahe liegender: Das Hochzeitsfest wird nicht durch den drohenden Tod in Jerusalem überlagert. Der dritte Tag steht im Buch Genesis für jenen Tag der Schöpfungsgeschichte, an dem es zweimal heißt: „Gott sah, dass es gut war!" Wenn wir vom Sabbat her zurückrechnen, an dem Gott von seinem Werk ausruhte, fand die Hochzeit des armen Paares an einem Dienstag statt. Es ist bis heute der bevorzugte Hochzeitstag der Juden geblieben. In der Tat sind uns am Dienstag in Jerusalem etliche geschmückte Hochzeitsautos hupend begegnet.

Noch etwas am Rande, das uns zeigt, wie schön biblische Auslegung sein kann: Das erste „Es ist gut so" dieses Schöpfungstages gilt dem Bräutigam; das Zweite ist als

Segen für die Braut gedacht. Im Schöpfungsbericht geht es an dieser Stelle um frisches Grün, um Sprießen und Frucht bringen. Wenn das kein Wink mit dem Zaunpfahl für ein junges Paar ist. Offenbar ist in der Bibel manches göttliche Augenzwinkern verborgen, aus dem wir keinen drohenden Zeigefinger machen sollten.

Inzwischen werden wir in dem kleinen Laden mit Kana-Wein versorgt. Es gibt ihn wohl nicht mehr in der Qualität Jesu, dafür aber als Weiß- oder Rotwein in den Geschmacksrichtungen von trocken bis süß. Wir beschließen, einige Flaschen dieses besonderen Weines für unsere Gottesdienste im Freien mitzunehmen.

Auf dem Rückweg kommen wir beim Apostel Natanael vorbei, der auch aus Kana stammen soll. Man merkt der ihm gewidmeten kleinen Kirche an, dass Pilger wie einheimische Christen wenig Interesse an dieser Stelle haben. Für uns bleibt vor verschlossenen Toren und kurzen Überlegungen nur die schmale Gasse.

„Jesus sah Natanael auf sich zukommen und sagte über ihn: Da kommt ein echter Israelit, ein Mann ohne Falschheit", lese ich aus der Bibel. „Natanael fragte ihn: Woher kennst du mich? Jesus antwortete ihm: Schon bevor dich Philippus rief, habe ich dich unter dem Feigenbaum gesehen. Natanael antwortete ihm: Rabbi, du bist der Sohn Gottes, du bist der König von Israel!" (Joh 1,47f).

Natanael wird gerne mit dem Apostel Bartholomäus in eins gesehen. Gesichert ist das nicht. Folgenschwerer war schon die Auslegung einiger frühen Kirchenlehrer: Die Feststellung Jesu „wahrer Israelit – ein Mann ohne Falschheit", sei die Hervorhebung einer Ausnahme gewesen. Die Falschheit sei den Juden ins Gesicht geschrieben. In diesem negativen Vorurteil schimmert der Stimmungsumschwung in Jerusalem vom „Hosianna" zum „Kreuzige ihn!" durch.

Er hat allerdings einen anderen Hintergrund, wie wir gleich feststellen können:

In dieser, eher nebensächlichen Sache kommt uns Pinchas Lapide zu Hilfe. Bis heute hat man behauptet, „Hosianna“ sei ein Jubelruf. In Wirklichkeit, so der jüdische Bibeltheologe, ist es ein Schrei von hoher politischer Brisanz und erklärt um einiges mehr, warum Jesus als gefährlich angesehen wurde und sein friedlicher Einzug in Jerusalem für die Herrschenden als Bedrohung erschien.

„Hosianna“ ist nach Lapide mit „Hilf doch“ oder „Errette doch“ zu übersetzen. Die Menge erwartete vom kommenden Messias, und deswegen vermied Jesus diesen Titel selbst auf ausdrückliche Nachfrage, zuerst die Befreiung aus der Unterdrückung durch die römische Besatzungsmacht. Erst dann konnte das Reich Gottes ausgerufen werden. Schließlich war es so nach Matthäus angekündigt worden: „Du sollst ihm den Namen Jesus geben; denn er wird sein Volk von seinen Sünden erlösen“ (Mt 1,21).

Ein Geheimnis wird für immer bleiben, worauf der Stimmungsumschwung des späteren Apostels Natanael zurückzuführen ist. Was hat sich, möchten wir gerne wissen, damals unter dem Feigenbaum ereignet? Was hat Jesus gesehen oder erkannt?

Ich tröste die Gruppe mit dem Gedanken, dass Natanael vermutlich meditierend unter dem Feigenbaum saß und über seinen weiteren Lebensweg nachdachte.

In der abendlichen Fünferrunde war nicht mehr vom ehrlichen Natanael die Rede. Die Überlegungen kreisten um den Gedanken, dass Sexualität und Erotik nicht gottfern sein können.

Die Liebe Gottes ist kein blutleeres, saft- und kraftloses Gefühl. Die Mystiker reden eine ganz andere Sprache. Oft genug wurden sie verdächtigt, Gottes Liebe auf die niedere sexuelle Ebene der Menschen herabzuziehen. Doch Gottes Liebe ist pure Leidenschaft. Unsere Leidenschaft ein Teil seiner Liebe.

An vielen Stellen zeigen die hebräische Bibel wie das Neue Testament, dass Gott ein Liebhaber ist, vollkommen angefüllt mit Erotik. Bei Trauungen werde ich nicht müde, den Paaren zu erklären, dass ihre Liebe Gottesdienst ist. Sie sollen wissen: Je mehr sie einander als Frau und Mann Lust, Freude, Glück verschenken, desto mehr wird Gott in ihnen erfahrbar.

Erst von daher wird Gottes Herausforderung zur Treue verständlich. In der Treue wird Gottes unverbrüchliche Liebe sichtbar; in gegenseitiger Treue geben die Partner diese Liebe weiter.

„Wobei ein Problem bleibt", wirft einer aus der Runde ein, „menschliche Liebe kann vergehen!" Nach einigem Zögern fügt er hinzu: „Ich weiß, wovon ich rede!"

„Bis dass der Tod uns scheidet!" Ich sehe in die Runde und frage mich laut: „Ob mit diesem Versprechen nicht der physische Tod, sondern der Tod der Liebe gemeint ist?"

Wir müssen lernen, dass der eine Christus viele Gesichter haben kann

IM FRÜHEN ABENDLICHT standen wir auf der schmalen Klippe des Berges Arbel, hoch über dem See Genesaret, mit weitem Blick über die Ebenen und Berge ringsum. Die Sonne versank im Mittelmeer und langsam vermischte sich das Goldgelb des Abends mit dem Rosaviolett der kommenden Nacht.

Eingeschnitten in den Steilhang gibt es Höhlen, Mauern, Gänge und Tunnels. Der Historiker Josephus Flavius erzählt, dass sich in diesen Höhlen, die Anhänger der Hasmonäer, die gegen Herodes kämpften, verbargen. Nur mühsam konnten dessen Soldaten, abgeseilt, an die Höhlen gelangen und die Rebellen in den Abgrund werfen. Ein sehr steiler Wanderweg führt vom Gipfel bergab ins Taubental.

Dieser schmale Weg zwischen zwei Bergen interessiert uns am meisten. Er bietet die direkte Verbindung zwischen Nazaret, dem See und Kafarnaum, ein Stück der uralten

Via Maris, jetzt nur noch ein staubiger Karrenweg, an dem Schafe und Ziegen weiden.

Die Via Maris – der Weg des Meeres war die wichtigste antike internationale Handelsverbindung im Nahen Osten. Sie verknüpfte verschiedene kleinere Handelswege zwischen Ägypten mit dem Zweistromland.

Die Via Maris folgte zunächst der Mittelmeerküste, erreichte nach dem Riegel des Karmelgebirges die Festung Megiddo in der Jesreel-Ebene. Dann führte sie weiter in Richtung galiläisches Meer. Durch das Taubental erreichte die Via Maris die Ebene des heutigen Nof Ginnosar am See Genesaret. Von dort führte die Handelsroute nördlich zur befestigten Stadt Hazor. Schließlich auf die Golanhöhen hinauf und weiter Richtung Damaskus und Mesopotamien.

Auf die Via Maris bezieht sich das Matthäusevangelium, wenn es schreibt: „Jesus verließ Nazaret, um in Kafarnaum zu wohnen, das am See liegt, im Gebiet von Sebulon und Naftali." Die Stämme Sebulon und Naftali waren um 722 v. Chr. von den Assyrern verschleppt worden. Daher war das Gebiet am See Genesaret wie ganz Galiläa in der Folgezeit von vielen Heiden bewohnt.

Im Auftreten Jesu in Galiläa gibt Matthäus einen Hinweis, dass das Wirken Jesu auch den Heiden gilt. Es sollte sich erfüllen, was durch den Propheten Jesaja gesagt worden ist: „Das Land Sebulon und das Land Naftali, die Straße am Meer, das Gebiet jenseits des Jordan, das Volk, das im Dunkel lebte, hat ein helles Licht gesehen ..."

Wenn irgendwo im Land die Fußspuren Jesu auszumachen wären, hier ist es: Hier muss er vorbeigekommen sein. Nicht nur einmal; immer wieder, wenn er in Nazaret einen Besuch machte, mit den Seinen auf den Berg Tabor ging, die jährliche Wallfahrt nach Jerusalem unternahm. Das Taubental ist die innigste Reliquie Jesu nach dem See Genesaret.

Der Weg spielt im Leben Jesu eine wichtige Rolle. Unterwegs verkündete er das Reich Gottes, er berief Menschen in seine Nachfolge, er lockte Frauen und Männer mit ihm unterwegs zu bleiben, bezeichnete die Nachfolge als die große Entscheidung für Gott.

Wir sahen lange hinunter auf den Weg Jesu und beobachteten den Farbwechsel der uns umgebenden Hügel und Berge. Auf unserer Seite hatten sie bereits eine dunkelgraue bis nachtschwarze Farbe angenommen; die andere Seite leuchtete im mystischen Violett.

Der Weg, der See und die Berge. Das Reich Gottes wird nicht in Synagogen und Lehrhäusern verkündet. Es wird inmitten der Schöpfung angesagt. Kein Wunder, dass die meisten Menschen sich in der Natur Gott näher fühlen. Vor allem auf dem Berg.

Der ist dem Berg willkommen, der schweigen kann. Nur mit einem Gelassenen wird er in ein Gespräch eintreten. Das hat der Berg von Gott. Wir stehen schweigend.

Bevor uns die völlige Dunkelheit überraschen konnte, in diesen Breiten vollzieht sich die sehr schnell, kehrten wir zum Parkplatz und von dort zu unserem Hotel zurück.

Nach dem Abendessen, dem üblichen Austausch über den Tag und einem kurzen Nachttrunk zog ich mich auf mein Zimmer zurück. Ich wollte mit den Texten der Bibel den nächsten Tag vorbereiten.

Die Spuren, die Gott durch mich gelegt hat, enden nicht irgendwo und irgendwann. Sie führen weiter ....

Wache oder träume ich? Wer, was spricht da zu mir?

Mein Weg ist es auch künftig wert, dass Menschen sich auf ihn einlassen. Sie sollen nachfolgen, mitgehen, wenn sie das Glück finden wollen. Es sind viele Spuren, die ich auslege, viele Wege, die sich auftun. Sie führen alle zu dem einen großen Ziel.

Die Worte, die ich wie durch eine innere Stimme höre, fliegen nur so über das Papier. Noch einmal, wache oder träume ich?

Das Christentum in eurem Land ist an der alles entscheidenden Kreuzung angelangt: Dort wird es nach seiner Glaubwürdigkeit gefragt. Zu lange habt ihr diese Frage verdrängt und seid planlos weiter gegangen. Dieser Weg führt in die Sackgasse ...

Ich bin als Jesus von Nazaret in eine ganz bestimmte geschichtliche Situation hineingeboren worden. Ich werde zu jeder Zeit und in jeder Kultur wiedergeboren. Das macht es so schwer, meine Botschaft zu hören, weil es so einfach ist ...

Ich bin der Weg zu Gott. Er hat mich aus dem Tod auferweckt, damit ich mit euch diesen Weg weitergehen kann. Es ist der Weg der Liebe, vergesst das nicht! Eine Liebe, die nur die Bereitschaft zur Nachfolge kennt, keine Bedingungen, keine Leistung, keine Opfer ...

Gewalt ist nicht mein Weg. Auch nicht die Herrschaft über Menschen und ihre Seelen. Feiert eure Gottesdienste unter meiner Gegenwart schlicht und einfach, damit ihr die Herzen der Menschen erreicht. Lasst allen Prunk und einen Stil, der an das Zeremoniell orientalischer Herrscher erinnert ...

Vergebt einander eure Schuld. Dazu habe ich euch ermächtigt; es ist mein Ostergeschenk für euch. Wartet nicht auf Vermittler. Vergebt einander, wenn es sein muss, siebenmal am Tag. Ihr dient damit auch der Versöhnung und dem Frieden unter den Völkern ...

Liebt die Einheit und tut alles dafür, um sie zu erreichen. Aber verwechselt sie nicht mit Gleichförmigkeit. Die

Einheit, wie Gott sie liebt, ist vielgestaltig, farbig und bunt wie das Leben ...

Lasst euch auf die Heilige Schrift ein. Auf alles, was zu eurem Segen aufgeschrieben wurde. Klammert euch aber nicht an die Buchstaben, Sätze und Erklärungen. Macht eure eigenen Gotteserfahrungen. Erzählt davon freimütig, wenn ihr danach gefragt werdet. Gebt Auskunft über den Glauben, der euch trägt ...

Der Glaube ist keine fertige Form. Bleibt auf dem Weg des Glaubens nur stehen, um zu rasten, um neue Kraft zum Weitergehen zu sammeln. Bestärkt und ermutigt einander unterwegs. Werdet nicht sesshaft und nicht selbstsicher ...

Lebt geschwisterlich miteinander. Es ist das glaubwürdigste Zeugnis, das ihr von meinem Evangelium geben könnt. Denkt an die Fußwaschung. Ich habe euch mit diesem Zeichen ein Beispiel gegeben, das nie seine Bedeutung verliert ...

Seht euer Leben nicht eng. Seht es in dem großen Zusammenhang, in den ihr gestellt wurdet. Achtet eure Ahnen und liebt eure Kinder und Kindeskinder ...

Wer mir ehrlich nachfolgt, gesteht allem, was lebt, seine Würde zu und bewahrt sie. Jeder Mensch kann auf seine Weise in eine direkte Beziehung zu Gott eintreten. Gott ist so leicht zu haben, wie das Wasser des Jordan oder des Genesaret. Steht ihnen nicht im Weg, wenn sie ihren Weg suchen ...

Der Himmel ist offen. Ich habe die Angst überwunden, damit ihr euch nicht vor dem Tod ängstigen müsst. Macht keinem Menschen Angst, bedrückt keinen und schließt keinen aus eurer Mitte aus, sonst verschließt ihr ihm und euch den Himmel ...

Lebt die Liebe. Sie hält alles zusammen: Gott und die Menschen, Himmel und Erde. Auch die Tiere und die Pflanzen sind eurer Liebe anvertraut ...

Lasst keine Unterschiede und Trennungen zu. Weder zwischen Frauen und Männern, zwischen Schwarzen und

Weißen, nicht zwischen Veranlagungen und Einstellungen, nicht zwischen gläubigen Menschen und solchen, die noch auf der Suche sind...

Am nächsten Morgen fand ich diese Sätze auf meinem Notizblock. Ich war mir nicht sicher, ob ich diese Sätze geschrieben hatte. In den neuen Tag hinein, die Sonne erleuchtete bereits die Konturen der Gileadberge, fügte ich noch diese Gedanken hinzu:

Es gibt viele Spuren Gottes in unserer Welt. Wir wären allerdings keine Christen, wenn die Spuren, die Jesus Christus für uns in Wort und Leben gelegt hätte, nicht besondere Bedeutung hätten. Schließlich hat Gott selber auf vielfältige Weise die Lebensspur dessen bestätigt, den er seinen Sohn genannt hat: „Eine Stimme aus dem Himmel sprach: Du bist mein geliebter Sohn, an dir habe ich Gefallen gefunden“ (Mk 1,11).

Schon beim Frühstück werde ich in eine wichtige Frage verwickelt: „Wer sagt mir denn, dass deine Auslegung der Heiligen Schrift die richtige ist? Oder gibt es so viele Auslegungen wie Schriftgelehrte?“

Mir fiel keine andere Antwort ein: „Glaubwürdig ist im Sinne des Evangeliums nur jene Schriftauslegung, die Menschen dazu hilft dem Gott zu begegnen, der in Jesus Christus unter uns erschienen ist.“ – „Was ist dann mit den vielen Konfessionen ...?“, wurde weitergefragt.

„Vielleicht müssen wir lernen, dass der eine Christus viele Gesichter haben kann, je nach der religiösen oder kulturellen Herkunft der Menschen. Für die Christen aus dem Judentum hatte er ein anderes Gesicht als für die, die aus dem griechischen Kulturraum kamen. Wir müssen Jesus Christus heute in Afrika anders predigen als in China oder Lateinamerika, im wiedervereinigten Osten Deutschlands anders als im katholischen Bayern.“

Grenzgänger kann nur sein, wer einen festen Standpunkt hat

WIE SIE ES VON DER HEIMAT GEWOHNT WAREN, bauten sich die Kreuzfahrer in Akko, in Montfort, in Cäsarea und anderswo, Burgen zu ihrem Schutz mit einem tiefen Wassergraben darum herum. Welch ein Irrtum. Denn der schützende Graben hat selten Wasser gesehen, vielleicht für wenige Tage in der Regenzeit. Unsere Gruppe polterte unbefangen über die Holzbrücke, die früher einmal zum Hochziehen eingerichtet war. Wir kommen nicht als Feinde.

Sicherheit durch Ausschließen und Absondern. Bedrohlich recken sich die Reste des hohen Eingangsturms. Niemand sollte unerlaubt und unwillkommen Einlass finden. Das ist bis heute Methode.

Ganz anders „Jesus in schlechter Gesellschaft", wie ein Buchtitel sagt. Er brauchte keine Gräben, um sich zu schützen. Jesus legte sich quer, baute Brücken, wurde zum Kumpan, zu einem, der das Brot teilt mit Zöllnern und Dirnen. Er wäre sicher nicht auf den Gedanken gekommen, seine Botschaft mit Feuer und Schwert zu verbreiten, verlorenes Land mit Gewalt zurückzuerobern, Türme und Mauern bauen zu lassen.

Jesus hatte der jungen Kirche schon beim ersten gewaltsamen Konflikt geraten: „Steck dein Schwert in die Scheide; alle, die zum Schwert greifen, werden durch das Schwert umkommen“ (Mt 26,52).

Unter Kreuzzügen verstehen wir im engeren Sinn die Bestrebungen, die Heiligen Stätten im Orient von den Muslimen zurückzuerobern. Die Befreiung Jerusalems war das erklärte Ziel, zu dem die Päpste aufriefen. „Bewaffnete Pilgerfahrt“ war denn auch die Bezeichnung der sieben Unternehmungen, die erst seit dem 13. Jahrhundert Kreuzzüge genannt werden.

Das alles gab es inmitten der beispielhaften Rekonstruktionen und Ruinen von Cäsarea Maritima zu bedenken. Die Kreuzfahrer hatten diese wichtige Hafenstadt, in der einst auch Paulus vor seinem Transport nach Rom gefangen gehalten wurde, noch einmal zur Blüte gebracht.

1095 waren die europäischen Fürsten und Völker von Papst Urban II. auf der Synode von Clermont zum Kreuzzug aufgerufen worden unter der frommen Behauptung: Gott will es! Damit waren Unzählige überzeugt, die Vertreibung der Nichtchristen von den heiligen Stätten sei im Plan Gottes. Spätestens mit der Plünderung der christlichen Stadt Konstantinopel durch die Kreuzritter traten die religiösen Motive in den Hintergrund.

Der europäische Adel hatte handfeste wirtschaftliche Gründe. Für die nachgeborenen Kinder, die nicht im Klerus oder in Klöstern untergebracht werden konnten, sollten neue Ländereien erobert werden, neue Besitztümer entstehen.

Auch die großen Seerepubliken profitierten von den Kreuzzügen, der ihren Handel in Schwung brachte. Es wurde sogar daran gedacht, einen eigenen Kreuzzug zur Sicherung der Gewürzstraße zu organisieren. Die Kreuzzüge zeigten mit dem Verlust ihrer religiösen Motivation immer weniger Kraft und pervertierten am Ende zu wirtschaftspolitischen Unternehmungen.

Später wurden noch einmal Kreuzzüge gegen die Heiden im europäischen Osten, gegen Wenden, Finnen und Balten organisiert, oder gegen die Ketzer, die Katharer und Albigenser.

Völlig scheiterte der legendäre Zug zehntausender Kinder, die ohne Geld, Bewaffnung und jedwede Organisation nach Italien zogen. Um 1212 waren sie gleichzeitig von Köln und Lothringen aufgebrochen. Das Schicksal der meisten blieb ungewiss. Vermutlich wurden viele, die bis nach Italien gekommen waren, in die Sklaverei verkauft; wenige kehrten über die Alpen zurück und wurden, wie ein Chronist schrieb „von denen verlacht, die ihnen anfangs noch begeistert zugejubelt hatten."

Die Kreuzzüge endeten mit dem Fall von Akko 1291. Aus ihrem Scheitern scheint die Kirche spirituell wenig gelernt zu haben: Ihre „Kreuzzüge" und ihre Waffen sind allerdings subtiler geworden. Sie plant und baut weiterhin an Wassergräben und Zäunen, errichtet Mauern und Türme durch Lehrverbote.

Es gilt Abschied zu nehmen von den falschen Bastionen, die das Überleben des Christentums nicht mehr sichern können. Das ist ein weit schmerzlicherer Prozess als der Rückzug der Kreuzritter aus Akko. Wer in der Vergangenheit gefangen ist, genießt weder das Heute noch baut er an der Zukunft. Die Kreuzfahrer hatten sich irgendwann überholt. Die Kirche muss aufpassen, dass sie sich nicht überflüssig macht.

Wir gehen weiter durch die Anlage von Cäsarea, die noch nicht ganz vom Schutt der Geschichte befreit ist. Besonders eindrucksvoll erlebten wir diese Arbeiten Stunden später in Akko. Die letzte Kreuzfahrerfestung ist ein Erlebnis. Bis heute hat sich die Hafenstadt ihren orientalisch-christlichen Charme bewahren können, obwohl der Fall der Stadt 1291 die Grenzen zwischen Abendland und Orient für lange Zeit markierte. In Akko ist das Miteinander von Juden, Muslimen und Christen spürbar.

Jesus bewegte sich immer auf Grenzen. Das hat ihm den Tod eingebracht. Grenzgänger kann nur sein, wer einen festen Standpunkt hat. Mit Unbeweglichkeit hat das nichts zu tun. „Gebt mir einen Hebel und einen festen Stand und ich hebe die Welt aus ihren Angeln", sagte Archimedes. Der Hebel ist das Evangelium. Jesus ist in Gott fest verankert und bringt uns gerade dadurch in Bewegung.

Die Kreuzfahrer sind gescheitert, weil Gewalt immer scheitern wird. Sie mussten Abschied nehmen und sich über Rhodos und Malta zurückziehen.

Mit der Vorgabe der acht Seligpreisungen Jesu, gilt es achtfachen Abschied von eifersüchtig gehüteten Festungen und Festlegungen zu nehmen. Dabei wird es der Geist der Wahrheit sein, Jesus hat ihn versprochen, der uns beim Abschiednehmen von lieb Gewordenem leitet. Zum Beispiel kann die Kirche nicht länger Gottes Zuwendung und Liebe an sich selber binden oder wegen ihrer Sicht, der Mensch sei „Krone der Schöpfung", Tiere von der Zukunft Gottes ausschließen.

Neben seltenen Gewürzen und anderen fernöstlichen Handelswaren, haben die Kreuzritter sich Reliquien andrehen lassen, die zum Teil noch in Rom oder anderswo zu besichtigen sind. Von den Windeln des Jesuskindes angefangen bis zu unappetitlichen vorgeblichen Überbleibseln wurde alles ins Abendland geschafft, weil möglichst jede Kirche etwas zur Verehrung besitzen wollte.

Die Kreuzfahrer haben auch Amulette und Talismane mitgebracht. Manches Kreuz, das am Hals getragen wird, ist seither mit der abergläubischen Funktion besetzt, Glück zu bringen und Unheil abzuwehren.

Es gehört nicht viel dazu, sich von solchen Überresten der Vergangenheit zu trennen, doch die Liste der Einstellungen und Überzeugungen, von denen es im dritten nachchristlichen Jahrtausend Abschied zu nehmen gilt, ist lang. Keine menschliche Bastion ist für die Ewigkeit gebaut.

Der dramatischste Abschied wird wohl sein, weiterhin zu glauben, die Sünde Adams und die Vertreibung aus dem Paradies hätte etwas mit unserer Sterblichkeit zu tun. Der Tod ist nicht der Ursünde Lohn. Richtiger ist es, den Tod als die Voraussetzung zum Leben zu nehmen, für das uns Gott bestimmt hat. Damit ist auch die Vorstellung, dass Jesu gewaltsamer Tod am Kreuz das von Gott geforderte Sühnopfer für unsere Sünden sei, überwunden. Jesus hat sich nicht geopfert und er macht niemand zum Opfer. Sein Tod war die Konsequenz für sein Leben, das von der religiösen Gesellschaft nicht akzeptiert wurde.

Jedes Leben beginnt und endet mit einem Abschied. Ein Abschied bereitet Schmerzen, und gelte es nur einen lieben Menschen für eine Reise oder einen längeren Arbeitsaufenthalt im Ausland zu verabschieden.

Der erste Schritt eine überflüssige Burganlage zu verlassen, wird es sein, dass sich das Christentum als eine Religion wie jede andere sehen lernt. Dann kann es gelingen, ohne Reibungsverluste gegen alle anderen, die schöpferische Kraft des Glaubens wiederzuentdecken und daraus zu leben.

Für viele Christen ist das Christentum dort unglaubwürdig geworden, wo es der Versuchung erlegen ist, durch Angst vor dem Liebesverlust Gottes und durch Androhung von Strafen zu Gott zu führen. Behauptungen, die uns seit der Kindheit nachhängen und nur mühsam überwunden werden können.

Das restaurierte Theater von Cäsarea besticht durch seine hervorragende Akustik. Was liegt näher als auf der Bühne ein „Großer Gott wir loben dich“ anzustimmen, das noch auf dem letzten Sitzplatz gehört werden kann. Dazu ein „Der Himmel geht über allen auf“, in der Erinnerung an den römischen Hauptmann Cornelius, den ersten Heiden, der getauft wurde.

Der künstliche Hafen Cäsareas mit großen Wellenbrechern war der bedeutendste im Bereich des heutigen Israel/Palästina und der zweitgrößte im Mittelmeerraum. Nördlich des eigentlichen Stadtgebietes stehen die Überreste eines sechs Kilometer langen Aquädukts, das die Bewohner mit Wasser aus dem etwa zehn Kilometer entfernten Karmelgebirge versorgte.

Jesus hat nicht einen „verschlossenen“, sondern einen „offenen“ Himmel für alle Menschen verkündet. Sein Evangelium war frisches Wasser für alle. Ein Glaube, der in die Zukunft tragen kann. Er hat das Leben versprochen, das in der Beziehung zwischen Gott, den Menschen und allen anderen Geschöpfen erfahren wird. Ein neuer Himmel und eine neue Erde öffnen sich.

Was aus der Erde genommen ist, kehrt zur Erde zurück

DIE GOLDENE KUPPEL DES FELSENDOMS erstrahlt im hellen Morgenlicht. Ein Anblick, der jeden Besucher Jerusalems in den Bann schlägt. Die Altstadt im Hintergrund ist von der großen Mauer Saladins umgeben. Mühsam sucht das Auge die grauschwarze Kuppel der Grabeskirche im Häusergewirr und kehrt schnell wieder zum Tempelplatz zurück. Zwei Religionen streiten sich um diesen Hügel und diesen Platz, auf dem Abraham seinen Sohn Isaak opfern wollte.

Damals hat der Engel Gottes eingegriffen: Gott will kein Menschenopfer. Er will überhaupt keine Opfer. Auch nicht das Lebensopfer seines Sohnes. Wann endlich hören und verstehen wir die Worte der Propheten, die Jesus Christus so eindringlich wiederholt hat?

So spricht Gott: „Liebe will ich, nicht Schlachtopfer, Gotteserkenntnis statt Brandopfer" (Hos 6,6). Daraus erklärt

Jesus den Willen Gottes: „Darum lernt, was es heißt: Barmherzigkeit will ich, nicht Opfer“ (Mt 9,13). Angesichts solch klarer Aussagen müssen wir uns fragen, warum wir am „Kreuzopfer“ Jesu oder dem „unblutigen Opfer“ in der Eucharistie festhalten.

In der Kirche Dominus Flevit, „der Herr weint über die Stadt“, bildet das große, helle Fenster hinter dem Altar den passenden Rahmen zur großartigen Stadtkulisse, einer Stadt ohne Frieden bis heute.

Direkt zu unseren Füßen liegen die ausgedehnten jüdischen Gräberfelder auf dem Ölberg. „Die Juden“, so erklärt unser Reisebegleiter, „glauben, dass die Auferstehung von Jerusalem ausgeht, wenn der Messias kommt. Deswegen wollen sie – aus aller Welt - hier begraben werden, um unter den Ersten zu sein, die ihm entgegengehen.“

„Und was glaubst du?“ Die direkte Frage aus unserer Gruppe verunsichert den Führer sichtlich: „Das werden wir sehen, wenn der Messias kommt, in 1000 Jahren vielleicht, und dort – seht ihr das zugemauerte Tor an der Ostseite des Tempelplatzes? – in seine Stadt hineinzieht. Aber wer weiß das alles schon ...“

Wir sind mit unseren Gedanken mitten zwischen Leben und Tod. Unübersehbar direkt vor der Tempelmauer breitet sich der muslimische Friedhof aus. Er soll den Einzug des Messias verhindern: Kein gläubiger Jude verunreinigt sich durch den Gang über einen nichtjüdischen Friedhof. Der Messias schon gar nicht?

Im Christentum gilt nach wie vor die Behauptung, dass der Tod der Sold der Sünde sei. Ich kannte diesen Glaubenssatz schon, bevor ich überhaupt wusste, was „Sold“ heißt, Lohn der Soldaten. Der Tod sei Gottes ausdrückliche Strafe für den Ungehorsam der ersten Menschen. Als Kind war ich wütend auf Adam und Eva, die uns wegen ihres Ungehorsam um das Paradies gebracht hatten.

Was hat unser Tod hat mit der „Ursünde“ zu tun? Irdisches Leben ist sterbliches Leben. Es ist nirgends in der Bibel überliefert, dass Gott ein unsterbliches Wesen geschaffen hätte. Was aus der Erde genommen ist, kehrt zur Erde zurück. Als Gott das Leben geschaffen hat, musste er auch den Tod schaffen.

Nur durch den Tod gibt es Entwicklung. Jeder Abschied schafft die Möglichkeit für einen Neubeginn. Unser Tod ist der letzte große Übergang in ein anderes Leben. Wir können es nur mit Bildern beschreiben. Die mythologische Paradiesesgeschichte zeigt nichts anderes als die Vertreibung des Menschen ins Leben. Der Mensch musste von Gott abgenabelt werden, wollte er sich entwickeln. Von da an wechseln sich Zeugung, Geburt und Tod bis in unsere Tage ab. Damit beginnen auch die Abschiede, die wir ständig nehmen müssen.

Unser Leben ist voll von solchen Abschieden, seit wir aus dem Mutterleib ausgetrieben wurden und die Nabelschnur durchtrennt ist. Pubertät, Heirat, Geburt von Kindern, Tod von Angehörigen und Freunden, das eigene Sterben, alle Phasen unseres Lebens sind von Abschieden begleitet. Es gibt nichts Natürlicheres. Es gibt nichts Schwierigeres.

Erst als sich nach dem 4. Jahrhundert die Erbsündelehre durchsetzen konnte und damit die Sterblichkeit des Menschen als Lohn der Sünde theologisch untermauert wurde, musste die Taufe als Befreiung von der Erbsünde verstanden werden.

Fragwürdig schon deshalb, weil durch die Taufe der Tod nicht etwa in seine Schranken verwiesen wurde. Doch der Tod hat mit dem Sündenfall nichts zu tun, auch wenn man uns das in Predigten noch so oft sagt, auch wenn das, selbst auf dem Friedhof beim letzten Abschiednehmen, immer noch zu hören ist. Der Mensch hat allem Geschöpflichen nichts voraus; er muss sterben. Das Sterben gehört zu allem, was lebt.

In unserem Kopf gibt es immer noch den Baum des Lebens, der im Paradies stand. Die ständige Kette von Geburt und Sterben lässt die Frage entstehen, ob gegen den Tod wirklich kein Kraut gewachsen ist. Wir sollten uns keine falschen Hoffnungen machen: „Gott vertrieb den Menschen und stellte östlich des Gartens von Eden die Kerubim auf und das lodernde Flammenschwert, damit sie den Weg zum Baum des Lebens bewachten“, überliefert das Buch Genesis (Gen 3,24).

Es hat nie unsterbliche Menschen gegeben und kein Kraut, das die Unsterblichkeit auf Erden sichern könnte. Die Suche nach Überleben und Dauer, wie auch immer, bleibt die wichtigste Wurzel und Triebfeder menschlicher Kultur.

Wir suchen nach dem, was bleibt. Selbst im Tod wollen wir nicht vergessen sein. Wer vergessen ist, fällt aus allen menschlichen Beziehungen heraus. Das zunehmende Verlangen nach anonymer Bestattung ist eine fragwürdige Entwicklung. Im Grunde weist ein solcher Wunsch auf gestörte Beziehungen hin. Anzeichen einer kranken, vielleicht sogar sterbenden Gesellschaft, die das Vergessen, statt Erinnerung, Geschichte und Leben sucht.

Am muslimischen Friedhof, direkt unter Suleimans Mauer erscheint ein kleiner Trupp von Arbeitern. Nach kurzer Zeit stellt sich heraus, dass sie ein Grab ausheben. Muslime sollten möglichst am gleichen Tag, an dem sie gestorben sind, begraben werden. Nur ein weißes Tuch umhüllt sie auf dem letzten Weg. Nackt, wie sie in die Welt gekommen sind, werden sie der Erde wieder anvertraut.

„Tod, der Sünde Sold.“ Dieser Satz geht mir nicht aus dem Kopf. Welch ein Gottesverständnis steht eigentlich hinter der Erzählung vom Sündenfall? Ein Gott nimmt Menschen millionenfach und rücksichtslos über alle Generationen in Haftung für den Ungehorsam des ersten Menschheitspaares. Darf man so etwas weiterhin im Religionsunterricht oder im Kindergottesdienst erzählen?

Die ersten Erzählungen der Bibel legen in der Sprache der Mythen dar, wie die Welt, wie wir sie kennen, lieben und erleiden, geworden ist. Glaubensaussagen können wir aus diesen Mythen nicht ableiten, denn das führt zu dem, was sich durch die christliche Geschichte wie ein gefährlicher Faden hindurchzieht: Die Menschen haben Gott beleidigt; jetzt müssen sie zusehen, wie sie ihn wieder gnädig stimmen können. Was ist das für ein Gott, den Menschen beleidigen können?

Ich hadere mit Paulus, wenn er sagt: „Durch einen einzigen Menschen kam die Sünde in die Welt und durch die Sünde der Tod und auf diese Weise gelangte der Tod zu allen Menschen, weil alle sündigten“ (Röm 5,12). Paulus wird nicht müde, diese Gegenüberstellungen, gipfelnd in Adam und Jesus, zu wiederholen. Wird seine Behauptung deswegen glaubhafter?

Bleiben wir sachlich: Unsere Sterblichkeit hängt mit der Materie zusammen, aus der wir genommen sind. Sie trägt die Signatur von Werden und Vergehen, von Geburt und Tod, auch wenn wir den Hauch Gottes in uns tragen.

Aus der Erde sind wir genommen, in die Erde kehren wir zurück. Es gilt Abschied zu nehmen vom Dogma der Erbsünde, wenn dazu der Tod als Folge einer göttlichen Strafe gehört. Eine andere Erkenntnis ist es, dass der Mensch fehlbar und sündhaft ist, von Anfang an. Keinesfalls kann und darf dem Menschen aber die Fähigkeit oder Macht zugesprochen werden durch sein Fehlverhalten Gottes Pläne mit der Welt schon von Anfang an verdorben zu haben.

Wenn wir Abschied nehmen müssen, dann auch von dem Gehorsamsglauben, den Paulus lehrt. Wir müssen zu einem

Glauben des Vertrauens, der Liebe und des Verstehens kommen. Erst in dieser Form ist er christlicher Glaube.

In aller Kürze sagt es Eugen Biser so: Wir brauchen die Wende „vom Gehorsamsglauben zum Verstehensglauben, vom Bekenntnisglauben zum Erfahrungsglauben und vom Leistungsglauben zum Verantwortungsglauben."

Der Begriff „Sünde", wenn wir ihn weiter verwenden wollen, bekommt damit einen neuen Klang. Die Sünde kann weniger Ungehorsam gegen Gebote und Verbote sein, als vielmehr der Mangel an Vertrauen und Liebe. Die Angst ist die eigentliche Sünde, die uns Menschen begleitet. Die Lieblosigkeit ist das Ergebnis dieser Angst.

Die Totengräber auf der anderen Seite haben inzwischen ihre Arbeit getan. In Alltagskleidung bewegt sich eine kleine Schar von Trauernden zum frischen Grab. Aus der Ferne sieht es so aus, als würde ein Kind verabschiedet. Kurze, schneidende Schreie aus dem Mund einiger Frauen ziehend klagend über das Kidrontal, alles andere, auch die Zitate aus dem Koran verweht der Wind.

Auch bei uns werden mit großer Eile die Verstorbenen aus den Häusern geschafft. Dabei ist es ein verbrieftes Recht, die Toten einen Tag im Haus zu behalten oder nachhause zu holen, wenn sie im Krankenhaus gestorben sind. Der letzte Abschied sollte frei sein von Hetze, dann kann die erste Phase des Abschiednehmens gelingen.

Es ist vernünftig, den Formularkram einem Institut zu überlassen, damit die Vorbereitungen des Abschieds nicht unter Zeitdruck geschehen. Die gewonnene Zeit dient dem letzten Gespräch mit dem verstorbenen Menschen, der seinen Platz in unserem Herzen behalten soll, vielleicht so:

„Geh nur beruhigt, dort wartet schon der Engel am Tor.
Geh nur beruhigt, die Wege drüben sind leicht zu gehen,

weich ist das Gras unter den Füßen und klar ist die Luft wie nirgendwo sonst.

Geh nur beruhigt, dort wartet schon der Engel am Tor.

Geh nur beruhigt, drüben sind Liebe und Vergebung der Sünden. Wunden heilen und Narben verblassen. Wirf alle Lasten ab, mach dich leicht. Geh nur beruhigt, die Tür steht weit offen, du wirst schon erwartet. Wir lassen dich los. Wir geben frei.

Geh nur beruhigt, sag „Vater, ich komme heim!“ Lass los, was dich hält. Mach dich wehrlos und offen für das Wunder von Auferstehung und Verwandlung. Streck deine Hände aus. Sieh! Dort kommt ER dir entgegen.“

Liebe und Güte werden uns erwarten. Verabschieden wir uns von der Behauptung, Gott habe erst seit Jesus Christus nichts mehr mit Straf- und Rachegedanken zu tun. Freuen wir uns lieber darauf, dass wir von Anfang an im Tod von Gott mit offenen Armen empfangen werden, wie es Jesus im Gleichnis vom barmherzigen Vater ausgedrückt hat.

Die Umarmung Gottes schließt neues Leben ein. Über das Wie des neuen Lebens stehen uns nur Bilder und Andeutungen zu Verfügung. Die schönste und kürzeste Beschreibung hat uns Jesus geschenkt: „Leben in Fülle“ (Joh 10,10).

Das Wichtigste, was wir hinterlassen sollten, wenn wir aus dieser Welt gehen, sollten Spuren der Liebe sein, denen andere folgen können – zu dem, der, wie Johannes sagt, pure Liebe ist.

Es gibt kein anderes Heilmittel als die Ehrfurcht vor dem Leben

AM ÖLBERG BIN ICH IHM BEGEGNET. Breitbeinig stand er an der abschüssigen Straße, beladen mit einem großen Bündel Reisig und trockenen Ästen. Eigentlich wollte ich ihn, das auch im heiligen Land selten gewordene Exemplar, fotografieren. Doch ich traute meinen Ohren nicht. Der Esel fing an zu sprechen: „Nur zu. Mach ein schönes Foto von mir, schließlich bin ich ein direkter Nachfahre jenes Esels, der Jesus hier den Berg hinunter und in die Stadt hineingetragen hat."

„Na, na?!", antworte ich etwas verblüfft. „Das ist wohl ein bisschen übertrieben."

„Keineswegs", antwortete das Grautier selbstbewusst. „Was sind schon vierzig Eselgenerationen gemessen an einer Ewigkeit? Wir Esel haben ein gutes Gedächtnis. Mein Ur-ur-urgroßvater leistete Jesus im Stall Gesellschaft, bevor er ihn nach Ägypten trug, damit er den Häschern des Kindermörders Herodes entrinne. Auf dessen Enkel, wie gesagt, ritt Jesus unter den Rufen erwartungsvoller Menschen nach Jerusalem, bevor es zu dem tragischen Geschehen kam ..."

Ich hielt den Mund offen, wusste nicht, ob ich wachte oder träumte, und vergaß das Fotografieren. Der Esel sprach weiter:

„Wir Esel sind die klügsten Tiere der Welt. Natürlich halten wir uns bescheiden zurück. Dein Jesus hat das gewusst. Und anspruchslos sind wir dazu. Das hat Jesus geschätzt. Ich denke, dass er so manches für seine Predigt unserem Leben abgeschaut hat. Es gibt kein anderes Haustier, das sich im Vergleich zur Arbeitsleistung so einfach ernährt. Ja, ich bin ein bedürfnisloser Sohn der Wüste! Krank war ich eigentlich noch nie, obwohl ich dreißig Jahre alt bin, und so zehn, fünfzehn Jährchen werde ich schon noch schaffen."

Bevor ich den Esel etwas fragen konnte, klingelte das Telefon: der Weckruf unseres Hotels in Bethlehem. Dann, nach dem Zähneputzen, erinnerte ich mich an das Grautier von gestern. Der Esel hatte mich offensichtlich noch im Schlaf beschäftigt. Schließlich wusste schon der Prophet Sacharja, dass der Erlöser Israels auf einem Esel kommen werde: „Juble laut, Tochter Zion! Jauchze, Tochter Jerusalem! Sieh, dein König kommt zu dir. Er ist gerecht und hilft; er ist demütig und reitet auf einem Esel ..." (9,9).

Mensch und Tier, das ist keine problemlose Beziehung. Nach dem Schöpfungsbericht bringt Gott die Menschen am 6. Tag mit den Tieren zusammen. Seither sind wir füreinander verantwortlich. Dem Buch Genesis nach schuf Gott Tiere und Menschen sozusagen in einem großen Atemzug. Beide haben offenbar nicht nur eine Seele; sie sind eine Seele. Seele, das ist im Hebräischen das Organ der vitalen Bedürfnisse, ohne deren Erfüllung kein Lebewesen bestehen kann.

Das Problem in dieser Beziehung ist nicht das Tier, sondern der Mensch. Weil der Mensch sich als „Krone der Schöpfung", damit als Vollendung missverstanden hat, entfremdete er sich den Mitgeschöpfen. Die enge Sichtweise führte dazu, dass sich der Mensch als Herr über die Tiere fühlte und sie sich untertan zu machen wusste.

Leider haben weder das Judentum, das Christentum, schon gar nicht der Islam eine Ethik zu Stande gebracht, die wirklich alles Lebendige im Blick hat. Es gilt, für die Kirchen einen neuen Weg zu finden. Denn das Christentum erscheint als traditionell tierfeindlich. Tiere finden in der Bibel kaum Beachtung. Es geht allein um das Heil für den Menschen. Die Kirche hat sich mit dem anderen Teil der Schöpfung immer schwer getan, weil der Mensch sich als Gottes Ebenbild fühlte und deswegen für sich die ungeteilte Aufmerksamkeit beansprucht.

Über die Tierliebe Jesu ist von Tierliebhabern und Tierschützern gerätselt worden. Ich finde eine sympathische Stelle bei Matthäus: „Wer von euch wird, wenn ihm am Sabbat sein Schaf in eine Grube fällt, es nicht sofort wieder herausziehen?" (Mt 12,11). Jesus ist bereit, das Sabbatgebot infrage zu stellen, selbst wenn nur ein Schaf in die Grube gefallen ist. Das Gleichnis vom verlorenen Schaf ist ebenfalls ein Hinweis, dass es „menschlich" ist, mit Tieren freundschaftlich zusammenzuleben.

Die Propheten verheißen eine Zukunft von Mensch und Tier, aber auch der Tiere untereinander, die absolut friedlich sein soll und nicht von der Herrschaft oder der Gewalt des Menschen bestimmt: „Dann wohnt der Wolf beim Lamm, der Panther liegt beim Böcklein. Kalb und Löwe weiden zusammen, ein kleiner Knabe kann sie hüten" (Jes 11,6) und: „Der Säugling spielt vor dem Schlupfloch der Natter, das Kind streckt seine Hand in die Höhle der Schlange" (Jes 11,8).

Wenn Johannes Paul II. und auch jüngst Benedikt XVI. von der „Kultur des Todes“ sprechen, die sich breitmacht, dann muss auch das Verhältnis zu den Tieren mitbedacht werden. Kriege töten nicht nur Menschen, sie bringen auch Leid über unzählige Tiere. „Es gibt kein anderes Heilmittel als die Ehrfurcht vor dem Leben“, schrieb Albert Schweitzer 1933 zu einem Zeitpunkt, da bereits die Vorbereitungen für ein Massenmorden, für ein Massensterben von Mensch und Tier getroffen wurden.

Sicher trifft es zu, dass die Tiere die „unbeweinte Kreatur“ sind, beweint höchstens noch von Kindern, die liebevoll dafür sorgen, dass ein totes Haustier „christlich“ bestattet wird.

Das Gebot der Liebe ist auf das Tier auszudehnen. Manche Heilige, nicht nur Franz von Assisi haben uns das vorgemacht. Sie haben ein liebevolles Verhältnis zum Tier gezeigt, wie es bis vor kurzem im Volksbrauch üblich war. Tiere konnten in geeigneter Form an den menschlichen Festen teilhaben. In vielen ländlichen Bereichen, wo der Umgang mit Tieren noch bewusster ist, wo viele Tiere sogar einen Namen haben, herrscht die Überzeugung vor, dass auch sie einen Platz im Himmel bekommen.

„Bei mir haben die Tiere alle ein Gesicht“, sagte mir ein Hirte im Großen Walsertal, „für meinen Bauern nur noch eine Ohrmarke.“

Es ist nachgewiesen, dass Menschen, die mit Tieren zusammenleben, eher zu den religiös offenen zählen. Das bringt uns eine Schriftstelle in Erinnerung, die ganz am Anfang des öffentlichen Lebens Jesu zu finden ist: „Er lebte bei den wilden Tieren ...“ (Mk1,13). Wir werden an indianische Erzählungen erinnert: Jungen mussten in ihrer Pubertät eine Zeit lang in der Wildnis mit Tieren und Pflanzen zusammenleben, um jene Kräfte, Energien und Rücksichtnahmen kennen zu lernen, die sie für das spätere Leben brauchten.

Die Ehrfurcht vor dem Leben kann sicher aus der Überzeugung wachsen, dass Tiere und Pflanzen nicht Zutat oder Zierrat des Menschenlebens sind, sondern mit uns zusammen die ganze Größe und Herrlichkeit der Schöpfung ausmachen. Tiere und Pflanzen gehören ganz einfach zur künftigen Welt, die als „neuer Himmel und neue Erde“ verheißen ist. Vielleicht ist es sogar so, dass wir Menschen erst über die Wahrnehmung des Leidens der Tiere und der Pflanzen zu unserer eigenen Würde kommen.

Als ich diese Gedanken nach dem Frühstück im Hotel Bethlehem niedergeschrieben hatte, war mir, als sage der Esel vom Ölberg zu mir: „Gar nicht so schlecht!“

Ich antwortete dem, der mir offenbar über die Schulter geschaut hatte, mit einem Wort von Johannes Paul II.: „Wo die Pferde versagen, schaffen es die Esel.“

Zuhause fiel mir beim Ordnen meiner Notizen, das Gebet eines Esels in die Hände:

O Herr, wie preis' ich selig mich unter allen Geschöpfen vier- und mehrbeiniger Natur. Denn immerhin war es mir vergönnt, deinen Sohn zweimal zu tragen. Du gestattest doch, dass ich daran erinnere, dass ich Jesus vor Herodes Wut gerettet und dreißig Jahre später wie einen König nach Jerusalem getragen habe. Gerade deshalb frage ich dich, o Herr, wieso mich alle Welt für dumm hält, wo ich doch mit kräftigem I-Ah mein Wissen in die Welt posaune? Das ist wohl das Schicksal aller Weisen. Doch eines, lieber Gott, gewähre: Lass mir die Menschen doch nicht gar so störrisch sein!

Wenn ich kurz halte, deine wunderbare Schöpfung zu beäugen und mich an süßen Disteln zupfend zu vergnügen, so bilden sie sich ein, sie müssten weiterrennen, und störrisch, wie sie sind, wollen sie, dass ich desgleichen tu. O Herr! Gib ihnen ein Quäntchen unseres Verstandes, und unsereiner wird sich darüber glücklich schätzen. Amen.

Jesus hat eine Bewegung ins Leben gerufen und keine Religion gestiftet

LANGSAM GEHEN UNS die ständigen Kontrollen auf die Nerven. Dazu kommt eine unübersehbare Polizeipräsenz in den verschiedensten Uniformen. Dazu Waffen, Waffen, Waffen. Die Polizeiautos fahren grundsätzlich mit Blaulicht; also blinkt es aufregend an jeder Straßenecke. Natürlich ist das gewollt. Die Israelis stört das offenbar nicht mehr. Wir dagegen entwickeln Angst vor einem Überwachungsstaat. Denn genau das ist es, was die Terroristen erreichen wollen: Die Freiheit soll immer mehr eingeschränkt werden; der Druck soll wachsen.

Vor dem Besuch auf dem Tempelberg, unser Zeitfenster war mit einer Stunde extrem eng, hieß es also wieder: „Tasche auf!“ Neben einem Kilo mattgelber Weihrauchkörner kam aus meinem Plastikbeutel die abgegriffene Bibel zum Vorschein. Sie begleitet mich seit Jahrzehnten ins Heilige Land. Entsprechend sieht sie aus.

Der junge Uniformierte mit der Knarre über der Schulter deutete auf das Buch:

„Was ist das?“ – „Die Bibel!“ – „Verboten!“ – „Es ist keine Bombe, es ist die Bibel!“ – „Verboten!“ – „Wieso ist das Heilige Buch auf dem Tempelplatz verboten?“ – „Sie könnten daraus vorlesen!“ – „Was?“ – „--??!“

„Ja, ich könnte die Stelle vorlesen, dass hier auf dem Berg Abraham seinen Sohn Isaak opfern wollte. Der Berg Moriah, ist den Juden, den Muslimen und den Christen heilig. Und damit ist auch dieses Buch heilig.“ – „Bibel ist verboten!“ – „--???“

Hinter mir stauten sich die Menschen und murrten, dass es mit den Kontrollen nicht weiterging; wie gesagt, das Zeitfenster für einen Gang über den Tempelplatz war eng.

„Ich habe in meiner Kirche schon mit Muslimen gebetet; dabei hat der Imam aus dem Koran vorgelesen. In meiner Kirche!“ – „Sie müssen die Bibel hierlassen. Auf dem Tempelplatz verboten.“ – „Bekomme ich das Buch wieder?“ – „Dann müssen Sie sich beeilen. In einer halben Stunde wird geschlossen.“ – „Dann komme ich zurück.“ – „Sie dürfen hier nicht zurück. Sie müssen den Tempelplatz durch den anderen Ausgang verlassen.“ – „Dann muss ich durch die ganze Altstadt laufen, um die Bibel wiederzubekommen?!“ – „Ja, sorry ...“

Das Zusammenleben der drei Buchreligionen, Judentum, Christentum und Islam ist viel komplizierter, als wir manchmal, etwas blauäugig meinen. Auch wenn der Prophet Mohammed die Bibel der Juden und Christen ausdrücklich anerkennt – schließlich schöpft er daraus wesentliche Teile – gilt der Koran als das überlegene Buch. Muss das letzte Buch in der Reihe auch das „bessere“ sein?

Der Koran entstand nach mündlicher Überlieferung und Blättern mit einzelnen Suren auf Anordnung des dritten Kalifen. Die erste offizielle, gebundene Ausgabe erschien um 650 nach Christus.

Die Beziehung der jeweiligen Buchreligionen zu ihren Heiligen Schriften ist unterschiedlich. Die Heilige Schrift wird in allen drei Religionen als Offenbarung Gottes bezeichnet.

Für Juden besteht die Offenbarung im Handeln und Sprechen Gottes in der Geschichte Israels. Die Christen schreiben im 2., im Neuen Testament diese Offenbarung Gottes fort, der vor allem durch Jesus Christus gesprochen und gehandelt hat.

Für Christen, und auch für Muslime, ist Jesus Christus das „Wort Gottes" in die Welt hinein. Der Koran gilt, Satz für Satz und Wort für Wort, unmittelbar und unwiderruflich als Offenbarung Gottes und als die Vollendung seines Wortes. Deswegen ist nur der Islam eine Schriftreligion im eigentlichen Sinn, das Christentum gilt als zweitrangig.

Das alles erklärt das Verhalten des Militärpolizisten nicht. Aber wie so oft: Er beruft sich auf seine Vorschriften.

Wer an Büchern hängt, ist in der Gefahr an toten Buchstaben hängen zu bleiben und damit das Leben zu versäumen. Das Christentum ist in der Gefahr, in jeder Generation neu, sich zur Schriftreligion zu verengen. Jesus hat eine Bewegung ins Leben gerufen und nicht eine Religion gestiftet. Er wollte die Menschen zum Glauben an einen Gott bewegen, der Tote zum Leben auferwecken kann.

Noch hat sich das Pauluswort nicht erfüllt: „Er hat uns fähig gemacht, Diener des Neuen Bundes zu sein, nicht des Buchstabens, sondern des Geistes. Denn der Buchstabe tötet, der Geist aber macht lebendig" (2 Kor 3,6).

Es kann nicht um Wörter gehen, sondern um Jesus Christus selbst. Die geschriebenen Worte haben die Aufgabe an den Ursprung des Evangeliums zu erinnern. Die Wahrheit ist nicht in Schriften zu finden, sondern in der Gotteserfahrung. Wir müssen es lernen, unseren Glauben mit eigenen Worten auszudrücken.

Uns zum Trost: Der Islam hat seine „Korankritik“ noch vor sich. Die Auseinandersetzung hat schon zaghaft, aber mit ähnlichem Widerstand begonnen, wie das auch bei den Bibeltheologen der Fall war. Auf jeden Fall: Die Menschwerdung Gottes muss für uns Christen wichtiger sein als die Buchwerdung seines Wortes und Willens.

Was für die Bibel möglich ist, zum Beispiel auf einen Übersetzungsfehler hinzuweisen oder eine moderne Ausdeutung zu versuchen, ist für die Koranlehrer noch immer ein (todeswürdiges) Verbrechen.

Jede Übersetzung färbt die Texte mit dem Gedankengut und der Lebensweise jener Gesellschaft ein, in die sie übertragen werden. Die Kluft wird um so größer, je weiter die Sprachen auseinanderliegen. Jede Übersetzung ist schon etwas wie eine Deutung. Das lässt Rabbi Jehuda im 2. Jahrhundert sagen: „Wer einen Vers der Schrift wortwörtlich übersetzt, ist ein Fälscher.“

Kaum ein Bischof schreibt einen Hirtenbrief an die Gemeinden, der nicht mit Bibelworten gespickt wurde. Ich selber bin nicht frei davon, mich da und dort auf biblische Texte zu berufen, die meine Feststellungen oder Behauptungen untermauern sollen. Wo bleibt die eigene Erfahrung?

Warum soll die biblische Überlieferung, warum soll die Gotteserfahrung eines Abraham, eines Mose oder auch des Mädchens von Nazaret einen absoluten Vorsprung und Vorrang vor unseren Erfahrungen und Einsichten haben? Das frage ich mich nicht selten. Spricht Gott nicht auch in unsere Zeit? Zu mir und zu dir? „Wer Ohren hat zum Hören, der höre!“, sagt Jesus (Lk 14,35).

Es stellt sich noch eine Frage: Darf die Autorität der Heiligen Schrift über den Glauben an die Geistesgegenwart Gottes in unserer Zeit gesetzt werden? Offenbart sich Gott nicht auch heute? Müssen es immer die Zeugnisse eines Paulus oder eines Johannes sein, die wir im Gottesdienst vorlesen und anhören – warum nicht die Einsichten und Bekenntnisse aus unseren Tagen?

Nach Paulus kommt der Glaube vom Hören, nicht nur vom Hören der Bibelworte. „Wer Ohren hat, der höre, was der Geist den Gemeinden sagt" (Offb 3,22). Gott spricht noch heute.

Eigentlich sollte ich den Gottesdienst für morgen im Abendmahlsaal auf dem Zionsberg vorbereiten. Aber die Gedanken lassen mich nicht los. Klammere ich mich an meine Bibel, wie noch vor wenigen Stunden auf dem Tempelberg? Hat sich das Christentum zur Schriftreligion verengt, obwohl es eine Weg- und Erzählgemeinschaft war, ist und sein sollte?

Doch dann nehme ich den Gottesdienst in den Blick: Schriftauslegung macht nur dann einen Sinn, wenn sie Menschen hilft, Gott zu begegnen. Dazu gehören nicht nur die Heiligen Schriften. Das Erzählen der eigenen Gotteserfahrungen gehört dazu wie das achtsame Hinhören auf das, was andere Christen erfahren haben. In beidem sind wir noch zu wenig geschult, deswegen sind wir auf die Bibel fixiert. Das ist ein Irrweg.

Wer kann das noch, seinen Glauben in Worten auszudrücken? Vor einer Gemeinde? Vor Menschen, die ähnliche Erfahrungen gemacht haben? Im Gottesdienst der Kirche dürfen das (letztlich) nur Autorisierte. Das sind geweihte Priester und Diakone. Wieder wird Gottes Geist in enge Kanäle gezwängt. Daher kommt es auch, dass die Predigten meist keine Glaubensgespräche sind, sondern Lehren und Belehrungen.

Die Welt entsteht im Kopf. Der Glaube ist ein schöpferischer Vorgang, der auf die veränderte Lebenssituation eingeht. Eine veränderte religiöse Landschaft wird neue Spuren von Gott entdecken. Die Gedächtnisspur, die Erinnerung an die Worte Jesu, kommt mit der Glaubensspur des Einzelnen zusammen: „Der Glaube gründet in der Botschaft, die Botschaft im Wort Christi" (Röm 10,17). Diese Botschaft muss ständig neu ausgerichtet und erfahren werden, in der Sprache und im Gefühl unserer Zeit.

Die Frauen sind in der Mehrheit; die Männer bestimmen

DIE BRUNNEN SIND KEINE ORTE der Begegnung mehr. Jetzt sind es die Bushaltestellen, dachte ich. Am Jaffator setzte ich mich zu einer Frau auf die Bank. Die Gruppe besichtigte die Altstadt und ich war ein bisschen müde geworden, sodass ich mir die Wege durch die engen Gassen der Basare sparte. Die Frau aus Bethlehem, das stellte sich später heraus, war schwanger. Sie hatte ein Kind im Arm und zwei weitere spielten auf dem Boden zwischen allerlei Abfall mit kleinen Steinen, die sie hin und her schoben.

Das ist ein Fehler, wollte ich mir gerade eingestehen, sich ungefragt neben eine muslimische Frau zu setzen; doch sie sprach mich in gut verständlichem Englisch an. Das Übliche zunächst: Woher? Wohin? Was haben Sie schon alles gesehen? Als ich ihre Frage, ob ich auch in Bethlehem gewesen sei, beantworten konnte: „Ja, unsere Gruppe wohnt fünf Nächte dort!", war sie sichtlich erfreut.

„Ich bin Christin", sagte sie und reichte mir die Hand, „You are welcome!"

Die spielenden Kinder hatten sich inzwischen an die Mutter gedrängt und bettelten sie in ihrer arabischen Sprache offenbar um etwas. Sie erhob sich, nickte mir zu und ging.

Mir kam die Unterhaltung Jesu mit der Samariterin am Jakobsbrunnen in den Sinn. Auf einmal tauchten all die Frauen auf, die mit Jesus zu tun hatten. Unbefangen war er ihnen begegnet, so wie ich mich arglos zu dieser Frau aus Bethlehem gesetzt hatte.

Die Frauen gehörten im Judentum damals wie bis heute im Islam zu den Zurückgesetzten. Ich merke, dass meine Gedanken auf einem unrechten Weg sind. Geht es den Frauen in der Kirche nicht heute auch so, dass sie ausgeschlossen, zurückgesetzt, letztlich als minderwertig, zumindest als zweitrangig abgetan werden?

Auch wenn der derzeitige Papst Benedikt XVI. die Priesterweihe der Frau kategorisch ablehnt, die Entwicklung wird über ihn hinweggehen, hat er im Interview zur Vorbereitung seines Deutschlandbesuches ein wahrhaft prophetisches Wort gesagt: „Die Frauen werden mit ihrem Schwung und ihrer Kraft, mit ihrem Übergewicht sozusagen, mit ihrer geistlichen Potenz sich ihren Platz zu verschaffen wissen."

Bei Lukas begegnen uns die meisten Frauengeschichten. Ein Bibeltheologe meint, dass sich beim Evangelisten die Erfahrungen der apostolischen Zeit spiegeln, in der die Frauen Gastfreundschaft gewährten und sich um das materielle Wohl Jesu und seiner Jünger sorgten: „Johanna, die Frau des Chuzas, eines Beamten des Herodes, Susanna und viele andere. Sie alle unterstützten Jesus und die Jünger mit dem, was sie besaßen" (Lk 8,3).

Viel entscheidender ist für mich, dass die ungewöhnliche Zuwendung Jesu zu den Frauen ein ganz wichtiges Zeichen dafür ist, dass Frauen und Männer gleicherweise in die Nachfolge und in das Reich Gottes berufen sind. Das gilt für die Dienste, wie für die Ämter.

Das ist ein immer noch unerfüllter Auftrag. Ich sehe die Frauen bei unseren Gottesdiensten vor mir. Sie sind die große Mehrheit, die Männer bestimmen. Die Kirche ist weit hinter den Willen Jesu und die Praxis der frühen Kirche zurückgefallen. Die Frauen waren ganz selbstverständlich bei den Zusammenkünften der Jünger dabei, sie feierten das Abendmahl mit, sie übernahmen später im Gemeindeleben wichtige Aufgaben bis zur Leitung und der Feier der Eucharistie.

Und schon sind meine Gedanken wieder am Jakobsbrunnen, den wir wegen der politischen Lage nicht besuchen konnten. Sechs Männer hat die Frau gehabt, auf die sich Jesus in ein spirituelles Gespräch eingelassen hatte, oder war es umgekehrt?

„Die Frau antwortete Jesus: Ich habe keinen Mann. Jesus sagte zu ihr: Du hast richtig gesagt: Ich habe keinen Mann. Denn fünf Männer hast du gehabt und der, den du jetzt hast, ist nicht dein Mann. Damit hast du die Wahrheit gesagt. Die Frau sagte zu ihm: Herr, ich sehe, dass du ein Prophet bist“ (Joh 4,17ff).

Jesus sieht den Lebensdurst der Menschen, der Männer wie der Frauen. Männer wie Frauen suchen. Sie suchen auch nach einem Partner, der sie über das Sexuelle hinaus ernst nimmt. Sex ist ganz nahe bei der Religion. Liebessehnsucht und Gottessehnsucht haben viel miteinander zu tun. Die Sexualfeindlichkeit der Kirche hat sich in der Praxis der Menschen als Gottesfremdheit ausgewirkt.

Erstaunlich für mich, wie Jesus im Gespräch mit der Frau die moralische Seite übergeht. Die Kirche stellt erst die Bedingung, das moralische Fehlverhalten zu ändern, bevor sie ein geistliches Leben möglich macht. Jesus disqualifiziert die Samariterin nicht; er nimmt ihre Glaubenssuche ernst und beendet zugleich den Streit zwischen Juden und Samaritern, auf welchem Berg die wahre Anbetung Gottes stattfinden soll.

Jesus öffnet die Enge beider Seiten, die auf einen ganz bestimmten Berg fixiert ist, und sagt: „ Glaube mir, Frau, die Stunde kommt, zu der ihr weder auf diesem Berg noch in Jerusalem den Vater anbeten werdet. ... Gott ist Geist und alle, die ihn anbeten, müssen im Geist und in der Wahrheit anbeten“ (Joh 4,21–24).

Jesus sieht hinter der sexuellen Notlage die geistlichen Bedürfnisse der Menschen. Dass er sich mit einer Frau austauscht, noch dazu mit einer, die ein aufrechter Jude nie ansprechen würde, weist darauf hin, dass Frauen meist für das Religiöse ansprechbarer sind. Vielleicht ist es aber auch so, dass wir die besondere Spiritualität des Mannes noch nicht entdeckt haben.

Für mich kommt am Tiefsten die Beziehung Jesu zu den Frauen in seiner Begegnung mit der Ehebrecherin zum Ausdruck. Die Stelle bei Johannes „Wer von euch ohne Sünde ist, werfe als Erster einen Stein auf sie“ (Joh 8,7), ist geradezu Weltliteratur geworden: Kein Mensch kann seither einen Stein gegen einen anderen aufheben, ohne an sein eigenes Versagen zu denken.

Erst als die Ankläger sich deswegen auf und davon gemacht haben, sieht Jesus die Frau an: „Hat dich keiner verurteilt?“ Keiner ist da, der sie anklagt, der sie vom Leben zum Tod bringen könnte, wie es nach erwiesenem Ehebruch möglich war. Die Frau, die Namenlose, steht als Mensch einem Menschen gegenüber, der sie annimmt, wie sie ist.

Mir fällt das schöne Wort von Michel Quoist, dem französischen Jugendseelsorger in Le Havre ein: „Wer den anderen liebt, lässt ihn gelten, wie er ist, wie er gewesen ist und wie er sein wird."

Niemand hat es gewagt, die Frau im Angesicht Jesu zu verurteilen. Die Reaktion Jesu hilft uns bis heute: „Auch ich verurteile dich nicht. Geh und sündige von jetzt an nicht mehr" (7,11). Jesus heißt den Ehebruch nicht gut. Aber er schenkt der Frau eine neue Chance. Wer denkt übrigens an den Ehebrecher; es gehören immer zwei dazu?

Wie viele Christen warten in der Kirche auf eine neue Chance; nicht nur Frauen, vor allem aber sie. Frauen geraten offenbar viel häufiger in moralische Notlagen. Dann werden sie an die Öffentlichkeit gezerrt. Ich denke daran, was meinen Groß- und Urgroßmüttern geschehen ist, wenn sie ein Kind unehelich zur Welt brachten. Ich denke an meinen Stammbaum, den ein entfernter Verwandter für mich zusammengestellt hat, und in dem es sehr häufig zu solchen „Katastrophen" gekommen war.

Die Leidtragenden waren die Frauen, während die dazu gehörenden „Väter" beim Gottesdienst auf der Empore saßen und nach der Predigt, die oft genug eine Moralpauke war, aus voller Brust sangen: „Wir sind im wahren Christentum, o Gott, wir danken dir."

Die schwangere Frau aus Bethlehem mit den drei weiteren Kindern bringt mich im Trubel des Busbahnhofs noch auf einen weiteren Gedanken.

Papst Johannes Paul II. untersagte 1999 den deutschen Bischöfen die Mitwirkung an der staatlichen Schwangerenkonfliktberatung. Er wollte die Angelegenheit ein für alle Mal geregelt wissen. Bevor die kirchlichen Beratungsstellen geschlossen werden mussten, kamen etliche betroffene Frauen auch zu mir, um mit einem Priester ihre Not zu besprechen.

Eine von ihnen, die völlig verzweifelt war, und nicht wusste, ob sie sich für oder gegen ihr Kind entscheiden sollte, gab ich nach einem langen und bewegenden Gespräch diesen Text mit, den ich für einen Gottesdienst nach dem Johannesevangelium (vgl. Joh 7,53 ff) umgeschrieben hatte:

Einst schleppten sie mit Gewalt eine Frau zu Jesus, während er mit den Menschen redete. „Sie hat ihr Kind abgetrieben. Sie ist des Todes!“ schrien sie. Jesus würdigte die Ankläger keines Blickes. Er kniete auf den Boden nieder und schrieb in den Sand. Doch die frommen Männer ließen nicht locker. Sie zerrten die arme Frau hin und her und fragten Jesus: „Was sagst du dazu? Sie hat das neue Leben in ihr getötet. Du bist doch ein Freund des Lebens und ein Freund der Kinder.“

Da richtete sich Jesus auf, nahm die Frau in seine schützenden Arme und sagte: „Wer noch nie eine Frau geringer geschätzt hat als sich, wer noch nie eine Frau in Gedanken missbraucht hat, wer noch nie Gewalt, gleich in welcher Form, gutgeheißen hat; wer noch nie zur Abtreibung geraten oder eine Frau dazu gezwungen hat, der werfe den ersten Stein.“

Darauf ließ Jesus die Frau los, bückte sich wieder und schrieb weiter in den Sand. Als er nach geraumer Zeit wieder aufblickte, waren er und die Frau allein. Die Ankläger hatten sich verzogen.

Jesus blickte die Frau an: „Ich verurteile dich nicht.“

Zwei Wochen später rief mich die werdende Mutter an: „Danke für mein Evangelium. Ich habe mich für mich und mein Kind entschieden.“

Ein Jahr später taufte ich das Kind, einen Jungen, auf den Namen Michael. Der Mutter und mir, der Vater hatte sich aus dem Staub gemacht, standen die Tränen in den Augen, als ich das Kind über das Taufbecken hielt und sprach:

Gott hat dich, Michael,
angenommen als seinen Sohn.
Du bist aus der Mutter Erde geworden,
aus dem Blut deiner Eltern und durch Gottes Geist.
Ein einmaliger Mensch bist du.
Du bist liebenswert, weil deine Mutter dich lieb hat.
Vielleicht wird dich auch dein Vater lieben lernen.
Ein einmaliger Mensch bist du,
weil Gott dich liebt.
Wir wollen dich bewahren wie ein Geschenk.
Gepriesen sei Gott für dein Leben.

Ich bin dankbar, dass, nachdem die Kirche sich der Not der Frauen entzogen hat, Laien diese Aufgabe in dem Verein Donum vitae übernommen haben. Jüngst haben die deutschen Bischöfe, wieder unter römischen Druck, den im kirchlichen Dienst Beschäftigten untersagt, in diesem Verein mitzuwirken.

Ich weiß weder, wie die Bischöfe dieses Verbot wirklich umsetzen wollen, noch wie sie die Verantwortung für die Frauen in Not und für das Leben der gefährdeten Kinder übernehmen wollen. Der Geist Jesu ist es nicht, der in dieser Herausforderung aus dem Mund der Bischöfe spricht.

Unsere Aufgabe ist es, die Spannung der Frau aufzunehmen und ihr zu sagen: Du bist in dieser kritischen Entscheidung nicht allein. Gespräch und Beratung sind die wirksamen Mittel, Leben zu schützen und zu retten; nicht Verweigerung. Was wäre, wenn unsere Bischöfe gezwungen würden, solche Frauen zu Jesus zu schleppen?

Gottesdienst feiern mit allen Sinnen, das ist die Herausforderung für alle liturgischen Reformen

DIE FEIER IM ABENDMAHLSAAL der Franziskaner auf dem Berg Zion sollte der Höhepunkt unseres Aufenthalts in Jerusalem werden. Ein Pater beäugte unsere Gruppe kritisch, als wir Fladenbrot aus Bethlehem und Wein aus Kana auf den Altar für die Eucharistie bereitstellten.

Völlig aus dem Häuschen geriet er, als ich in einer Schale Kichererbsen dazulegte. Vorsichtshalber gab ich vor, kein Wort Englisch zu verstehen, um einer längeren Diskussion über die Vorschriften zur würdigen und gültigen Feier der Heiligen Messe zu entgehen. Als ich dann noch eine Dose mit duftendem Öl aus dem Rucksack holte, war es um die franziskanische Zurückhaltung und Gastfreundschaft fast geschehen.

Was die liturgische Gewandung anlangte, machte der Pater keine Kompromisse. Er bestand auf Schultertuch, Albe, Stola, Messgewand. Erst dann konnten wir beginnen.

Jesus war damals all diesen Komplikationen entronnen. Für die Feier des Mahles mit den Frauen und Männern, die ihm bis Jerusalem gefolgt waren, hatte er einen Raum gefunden, in dem er ungestört war. Mehr brauchte er nicht. Er brauchte vor allem kein Messgewand.

Die Evangelien enthalten über die Lage des Raumes, in dem Jesus vor seinem Tod mit den Aposteln das Passah-Lamm essen wollte, keine genauen Angaben. Schon früh wurde angenommen, dass der Abendmahlssaal mit dem „Obergemach" identisch ist, in dem die Jünger dem auferstandenen Christus begegneten und die Herabkunft des Heiligen Geistes erwarteten.

Ein frühchristlicher Schriftsteller, der Heilige Epiphasius, berichtet, dass Kaiser Hadrian bei seiner Palästinareise im Jahr 130 Jerusalem noch so verwüstet vorfand, wie Titus die Stadt 70 n. Chr. zerstört hatte, „mit Ausnahme einiger Häuser und einer kleinen christlichen Kirche, die sich dort erhob, wo nach der Himmelfahrt des Erlösers die Jünger in den Obersaal hinaufstiegen". Die Lage der Kirche im südwestlichen Winkel der Stadt – im Bereich des heutigen Hügels Zion – und ihre Unscheinbarkeit hatte sie möglicherweise vor Zerstörung bewahrt.

Seit 1948 ist das Erdgeschoss des Abendmahlsaales eine Synagoge, in der man das Grab König Davids verehrt. Der obere Saal, zu dem man auf einer Außentreppe gelangt, ist heute leer. Eine Gebetsnische erinnert an die zeitweise Verwendung als Moschee. Die Eucharistiefeier, die hier ihren Ursprung haben soll, durfte bis 2000 nicht stattfinden. Papst Johannes Paul II. hatte erstmals mit zwölf Kardinälen und Bischöfen im Abendmahlsaal wieder eine Messe gefeiert.

Ein 1936 entstandenes kleines Franziskanerkloster konnte nach zwölfjähriger Verödung nach dem israelischen Unabhängigkeitskrieg 1960 wiedereröffnet werden. In der

1981 renovierten Kapelle wird im Angesicht des vermutlichen Abendmahlsaales die Heilige Messe gefeiert, so wie das auch unsere Reisegruppe tat.

Beim Mahl Jesu mit seinen Anhängern stand weniger das gemeinsame Essen in der Mitte. Die Fußwaschung gab, jedenfalls nach dem Johannesevangelium, dem Abschied Jesu die große Bedeutung. Neben der Eucharistie ist die Fußwaschung in ihrer Eindringlichkeit das einzige „Sakrament", das Jesus mit Wort und Zeichenhandlung – um bei den kirchlichen Bedingungen zu bleiben – eingesetzt hat.

Dieser alle Sinne ergreifende Jesus-Ritus ist in der lateinischen Kirche fast bedeutungslos geworden. Eher verschämt wird die Fußwaschung noch am Gründonnerstagabend vollzogen, ohne dass sich die Beteiligten der unschätzbaren Bedeutung dieses Zeichens bewusst wären. Der heilige Ambrosius von Mailand wie auch Bernhard von Clairvaux haben die Fußwaschung als Sakrament verstanden. Im Dom zu Mailand wird diese ambrosianische Liturgie noch heute gefeiert, mit Sünden vergebender Kraft.

Die Weitergabe des Christus-Amtes kann durch dieses Zeichen nur als Dienst und nicht mehr als Herrschaft verstanden werden. Mag sein, dass die Männer, die eine heilige Herrschaft über die Gläubigen ausüben, nicht gerne daran erinnert werden wollen und deswegen die Fußwaschung eher an den Rand gedrängt haben, in die Karwoche, die mit der Feier des Todes Jesu alles andere in die zweite Reihe rückt.

Ich gestehe, dass ich es nicht gewagt habe, die Fußwaschung im Abendmahlsaal zu vollziehen. Der gute Franziskanerpater hätte womöglich die israelische Polizei zu Hilfe gerufen. Wenigstens mit dem Heiligen Öl wollte ich ein Zeichen dieses Dienstes setzen. Auch die Salbung spielt in unserer Liturgie keine große Rolle, abgesehen bei der Spendung der Sakramente Taufe, Firmung, Krankensalbung und Weihe.

Bei der Salbung der Stirne, die tiefe Bewegung war allen anzumerken, betete ich:

„Gottes heilende Kraft fließe durch dich hindurch.
Sie reinige, kräftige, bestärke dich.
Sie erfülle dich vom Kopf bis zu den Füßen.
Heilsame Liebe und Wärme mögen dich umgeben.
Öffne dich der göttlichen Energie
und danke dafür, dass sie dir geschenkt wird."

Den Mitfeiernden standen Tränen in den Augen. Sie fühlten sich im wahren Sinne des Wortes be-rührt. Gottesdienst feiern mit allen Sinnen, das ist die Herausforderung für alle Reformen, die von den „Bewahrern" wie von den „Fortschrittlichen" eingeklagt werden muss.

Wir versuchten, so ursprünglich wie möglich, ohne Messbuch und Rubriken, Eucharistie zu feiern. Wir wollten die Nähe, die Gegenwart, die Zuwendung und Liebe Jesu unter den Zeichen von Brot und Wein kosten. Bewusst hatten wir dazu das Brot gewählt, das sich die Armen gerade noch leisten können, dazu den Wein, der an die Hochzeit zu Kana und an das Zeichen erinnert, das Jesus in dem kleinen Dorf Galiläas als erstes gesetzt hatte.

Uns kam es in diesem Gottesdienst vor allem darauf an, das Beispiel der Liebe Jesu ernst zu nehmen, sie aufzugreifen und in uns wirken zu lassen. Bei dieser Feier haben wir gemerkt, wie hinderlich und unevangelisch die peinlich genauen Vorschriften sind. Vielfach ist der Ritus der Messe zu einer Konserve geworden, zu Worten, die den

Mitfeiernden fremd sind; zu Gesten, die erst lange in ihrer Bedeutung erklärt werden müssten.

Ich denke mit Schrecken an einen Mitbruder, der sich in der Vorbereitung der Eucharistie damit brüstete, er brauche keine lange Zeit, nur das Messbuch. Da stehe alles drin.

Nach wie vor besteht die Kirche darauf, dass nur der geweihte Priester die Vollmacht hat, die Eucharistie gültig zu feiern. Sie bezieht sich in ihrem Amtsverständnis auf die lückenlose Sukzession, also die Weitergabe des Amtes und der Vollmachten von den Aposteln bis auf den heutigen Tag. Diese Kette ist historisch ebenso wenig haltbar wie die Feststellung, allein die Kirche habe das Monopol darauf, das theologische Verständnis der Eucharistie festzuschreiben.

Man muss es einer Kirche, die so sehr auf Tradition steht, ins Stammbuch schreiben: Gut 1000 Jahre war die Frage nach der Art und Weise der Gegenwart Jesu im eucharistischen Brot kein Thema. Statt sich Gedanken um die „wirkliche Gegenwart" Jesu in Brot und Wein zu machen, sahen die führenden Kirchenväter die Eucharistie als Quelle der Einheit, der Versöhnung und des Friedens. Darum muss es uns heute angesichts einer zerrissenen und zerstrittenen Menschheit wieder gehen. Die Einheit ist wichtiger als das Trennende.

Auf dieses Einssein im Geist Jesu wollten wir uns in der Feier des Glaubens in dieser spirituell sehr dichten Stunde einlassen. Wir haben uns an Jesu Leben, Tod und Auferstehung erinnert, und an das Reich Gottes, das er verkündigt und bezeugt hat.

Für Jesus hatte das alles mit Kult nichts zu tun. Wenn Johannes die Fußwaschung in die Mitte des Abschiedsmahles rückt, zeigt er damit, dass für Jesus das Anrühren und Teilen, das Befreien und Lösen, das Heilen wichtiger war. Der wahre Gottesdienst besteht nicht in Formeln, Riten und Rubriken, sondern in der Übernahme der Praxis Jesu. Sein Leben muss in dieser Praxis lebendig, greifbar, fassbar werden.

Bei unserer Feier im Abendmahlsaal waren uns diese eher spontanen Elemente wichtig. Sie führten uns zum Höhepunkt der Eucharistie.

An seinem letzten Abend hielt Jesus mit den Frauen und Männern, die ihm nachgefolgt waren bis nach Jerusalem, wo sich sein Schicksal erfüllen sollte, das Mahl.

Er reichte den Seinen zunächst das Brot, das Brot des Lebens, dankte Gott für seine Nähe, Zuwendung und Liebe und sagte zu ihnen: Nehmt und esst. So wie ich euch das Brot breche, wird mein Leib gebrochen werden. Der Geist macht lebendig. Wer dieses Brot isst, wird das Leben haben in Fülle.

Dann reichte ihnen Jesus den Becher mit Wein, gefüllt bis an den Rand mit seiner Liebe. Er sagte zu den Seinen: Nehmt und trinkt aus dem gemeinsamen Becher. Wie dieser Wein, so wird mein Leben vergossen. Doch habt keine Angst, ich habe die Welt des Hasses und des Todes überwunden.

Gott ist Geist. Gott ist Liebe. In diesem Geist der Liebe bekennen wir, dass Jesus Christus, der unschuldig am Kreuz hingerichtet wurde, in unserer Mitte ist und bleibt.

In seinem Geist der Liebe denken wir an die Menschen, die heute leiden, an die Opfer der Gewalt im Gazastreifen, im Libanon, in Bagdad, Afghanistan oder anderswo.

In seinem Geist der Liebe sind wir dankbar für alle Menschen, die mit uns den Glauben teilen, die uns Mut machen und uns stützen.

Im Geist der Liebe Jesu wollen wir teilen, was wir haben. Er gebe uns durch diese Feier die Kraft, Gottes Nähe zu bezeugen. Amen, so soll es sein. Amen, so soll es bleiben.

Die Kirche anerkennt die Überlieferung der vier Evangelien, dazu die Eucharistieüberlieferung des Paulus. Wir müssen lernen, die durch die Verschiedenheit der Überlieferung offenbar gewollte Vielfalt zuzulassen. Die Monotonie und Uniformität des römischen Messbuchs steht gegen diese Vielfalt. Fülle und Farbigkeit ist der Hintergrund gegen die nervigen theologischen Streitigkeiten, die des Herrenmahles nicht würdig sind.

Zur Erinnerung an diesen Gottesdienst bekamen alle Mitfeiernden einige Kichererbsen in die Hand gelegt, und damit war für den braunen Franziskaner wieder ein wenig Friede hergestellt. Doch für einen Abschiedsgruß reichte es nicht.

Zu Hause sollten die Kichererbsen in die Erde gelegt werden als Zeichen der Hoffnung für ein neues, ein anderes Leben. Die Erfahrungen aus dem Heiligen Land sollen keimen, blühen, Früchte bringen.

Aus gewürztem Kichererbsenbrei wird der im Nahen Osten weit verbreitete Falafel hergestellt, das „Fleisch der Armen", als Bällchen in Olivenöl ausgebacken. Kichererbsen, meist zusammen mit Sesam, lassen sich auch zu einer schmackhaften Paste verarbeiten, Hommos oder Hummus genannt, die zusammen mit dem Fladenbrot und Salaten gegessen wird.

Am Fenster vor meinem Schreibtisch haben die Kichererbsen bereits geblüht und Früchte angesetzt: Eine Erbse pro Blüte. Ein wenig kümmerlich, denke ich mir; aber vielleicht fühlt sich die Pflanze im fremden Klima nicht wohl.

Der erste Sonntag zuhause. Wir feiern in der Gemeinde Eucharistie. Unsere Erfahrungen im Heiligen Land schwingen mit und die Sorgen, wie wird es weitergehen? Immer mehr Gemeinden werden wegen des Priestermangels zusammengelegt. Immer häufiger klagen Christen, dass sie die „Ersatzpriester“ aus dem Ausland kaum verstehen, geschweige denn in ihnen einen Seelsorger finden.

Wie es scheint, wird von der Verwaltung darauf geachtet, ob der Priester gerademal die Wandlungsworte sprechen kann. Nach Eignung, Menschenführung, Einfühlungsvermögen, Kompetenz, vor allem nach seiner Lebensführung wird offenbar nicht gefragt.

Die kirchlichen Ämter stammen, historisch gesehen, nicht von Jesus. Sie wurden von der Kirche je nach Bedarf entwickelt. Auf neue Bedürfnisse der Gläubigen könnte die Kirche durchaus entsprechend reagieren. Kernaufgabe jeden Amtes ist der Dienst. Dieser Auftrag geht auf Jesus zurück.

Solange ein Amt der Gemeinde dient, ist es wichtig und richtig. Ob also eine Gemeinde Eucharistie feiern kann, kann nicht nur von Priestern oder Bischöfen abhängen. Die Christen dürfen nicht um das Wichtigste betrogen werden. Wenn einige Bischöfe behaupten, weil ihnen angesichts des Priestermangels nichts mehr einfällt, es gäbe kein „Recht der Gläubigen auf Eucharistie“, dann stellen sie sich gegen die Einladung und damit gegen die Tischgemeinschaft Jesu.

Das 2. Vatikanische Konzil schreibt noch, das Herrenmahl „ist der Höhepunkt, dem das Tun der Kirche zustrebt, und zugleich die Quelle, aus der all ihre Kraft strömt.“ Diese Quelle kann und darf nicht wegen priesterlicher Privilegien oder bischöflicher Willkür verstopft werden. Sonst verdurstet die Gemeinde.

Roland Hinnen, der als Priester lange Jahre in der Seelsorge tätig war, sagt es noch deutlicher und deutet damit zugleich ein Stück Zukunft an: „Wenn einerseits die Eucharistie für das Leben der Gemeinde das existenzielle Zentralereignis ist, an dem sie exemplarisch das Reich Gottes erfährt und begreift, die Bischöfe andererseits durch ihre Zulassungsbedingungen die Eucharistiefeier verunmöglichen, dann erschrickt man über diesen Verrat an ihrem Dienstauftrag.

Verhindern die Bischöfe die Priesterberufe, dann bleibt den Gemeinden vom Evangelium her nichts anderes übrig, als selber geeignete Frauen und Männer zu bestimmen, die mit ihnen zusammen den Auftrag Jesu ausführen: ‚Tut dies zu meinem Gedächtnis'."

Je knorriger und krummer, desto besser der Ertrag

EINEN ZAUN MUSSTE MAN UM IHN ZIEHEN, sonst gäbe es ihn nicht mehr, den alten Olivenbaum im Garten Getsemani. Die vielen Menschen, die seit fast 2 000 Jahren hierherkommen, hätten ihn sonst stückweise mitgenommen. Hat er Jesus gesehen, der alte Baum? Hat er mitgelitten, als Jesus von Todesfurcht überfallen wurde und ihm der Angstschweiß wie Blutstropfen über das Gesicht rann? Ist es wichtig?

Wenn ich den Alten so ansehe, ist er nicht das, wie wir einen Baum sehen möchten. Gewiss: Festgewurzelt steht der Ölbaum in der steinigen Erde; hat sich in alles verkrallt, was ihm Halt geben kann. Aber sein Stamm ist kein Bild für einen aufrechten Stand. Buchen und Eichen bei uns zuhause sind bessere Symbole. Der alte Olivenbaum neigt sich stark zur Seite, seine Rinde ist aufgerissen, Äste sind abgestorben.

Ansehnlich ist der Alte nicht. Und doch halten Menschen inne, schweigen oder fotografieren, und bestaunen das Wunder aus fernen Jahrhunderten.

Aus seinem Wurzelgrund schießen von allen Seiten neue Triebe hoch, zeigen die silbrigen Blätter, und wie die zerzauste Krone auch, Blütenstände in Fülle: „Es wird ein gutes Jahr", raunt der Baum mir zu. Er hat an mir Gefallen gefunden, weil ich es so lange bei ihm aushalte.

„Jedes zweite Jahr wird ein gutes Jahr", vertraut er mir an. „Lerne daraus, es kann nicht ein Jahr sein wie das andere und manchmal" – lächelt er jetzt? – „muss man auch ausruhen."

„Vielleicht weißt du das noch nicht ..." – lächelt der Alte jetzt wieder? – „gilt bei uns Ölbäumen die Erkenntnis: Je knorriger und krummer, desto besser der Ertrag. Auch davon könntet ihr Menschen lernen."

Über diesen Baum fühle ich mich auf einmal von den Mauern Jerusalems nach Irland versetzt. Ein kurzer heftiger Regenschauer brachte uns im letzten Jahr dazu, Schutz in einem bescheidenen Wäldchen zu suchen. Wir zwei, Stefan und ich, jeder an einen, an seinen Baum hauteng geschmiegt, warteten das Ende des Regens ab.

Auf einmal spürte ich: Mein Baum hatte mich angenommen. Er wiegte mich leicht nach vorne und hinten. Ich ließ mich, die Augen geschlossen, einfach in seine Bewegung hineinfallen. Dann spürte ich seinen Pulsschlag. Das konnte doch nicht sein! Der Zweifel währte nur einen Augenblick. Ich genoss den Puls des Baumes, eine Bewegung, die Energie transportierte, die nach oben führte.

„Spürst du den Baum?", fragte ich Stefan. Auch er spürte das Leben, das der Baum weitergab.

Ich öffnete die Augen und stand immer noch vor dem alten Olivenbaum. Ahnte er etwas von meinem fernen Erlebnis?

Denn ich hörte ihn wieder sprechen durch das Stimmengewirr der vielen Menschen hindurch: „Zu mir kommt die ganze Welt. Es gibt keine Menschenrasse, die ich nicht schon gesehen hätte. Aber am Schönsten ist es in der Nacht. Dann erzählen wir zwölf Bäume uns von Jesus. Wir erinnern uns daran, dass er uns geliebt und uns gestreichelt hat. Unter unserem Schutz hat er sich ausgeruht und neue Kraft geholt. Das gibt uns für jeden neuen Tag die Kraft, unsrerseits die Menschen zu trösten. Einfach weil wir da sind."

„O Haupt voll Blut und Wunden, voll Schmerz und voller Hohn ...", der Gesang einer deutschsprachigen Gruppe drang aus der Kirche Aller Nationen. Ich wandte mich zum Gehen. Ich wollte wieder den Anschluss an die Gruppe finden.

„Da ist noch etwas", sagte der Ölbaum, „etwas ganz Wichtiges: Judas war kein Verräter. Dafür stehe ich gerade!"

Ich erschrak und sah mich um, als müsste ich ein schweres Geheimnis verbergen.

Der Ölbaum fuhr fort: „Alle zwei Jahre verschenke ich meine Früchte. Ich frage nicht danach, ob einer sie verdient oder nicht. So hat Jesus sein Leben hingegeben. Auch er hat nicht gefragt, ob Menschen dabei sind, die seine Hingabe nicht verdienen. Schließlich schickt Gott Sonne und Regen über Gerechte und Sünder."

Ich wage kaum zu atmen, während mich die Menschen umdrängen. Mehrere Gruppen sind gleichzeitig angekommen.

„Judas hat nur das getan, was Gott selber getan hat. Du kennst doch das Wort des Paulus im Römerbrief: ‚Gott hat seinen eigenen Sohn nicht verschont, sondern ihn für uns alle hingegeben' (Röm 8,32).

Alles war Hingabe, musst du wissen, nicht Verrat: Judas lässt Jesus los, wie es dessen Bestimmung will, und gibt ihn an den Hohen Rat, der reicht Jesus weiter an Pontius Pilatus. Der römische Statthalter übergibt ihn an König

Herodes, der reicht ihn zurück an Pilatus. Der Römer spricht das Urteil, übergibt Jesus dem Kreuzestod. Schließlich sagt Jesus: ‚Vater, in deine Hände übergebe ich mein Leben'."

Ich staune über das Wissen des Ölbaums. So hatte ich das noch nie gesehen. Aber das mit Judas?

„Das ist noch nicht alles, warte! Ich frage dich: was hätte Judas denn verraten können? Sagte Jesus nicht selber: ‚Wie gegen einen Räuber seid ihr mit Schwertern und Knüppeln ausgezogen, um mich festzunehmen. Tag für Tag saß ich im Tempel und lehrte und ihr habt mich nicht verhaftet' (Mt 26,55)."

„Aber die 30 Silberlinge?", wagte ich zu entgegnen.

„Reingefallen!" Jetzt wurde mein Ölbaum ironisch: „Silberlinge? Die gab es zur Zeit Jesu schon 300 Jahre lang nicht mehr. Der ‚Judaslohn' hätte höchstens in Denaren, Drachmen oder Schekeln ausbezahlt werden können.

Ich sage dir, die Geschichte hat Matthäus, sagen wir es vorsichtig, in bester Absicht ‚erfunden', um zu beweisen, dass der niedrigste Kaufpreis für einen Sklaven gerade gut genug war für den Sohn Gottes."

Einer aus der Gruppe packte mich am Ärmel. Man drängte mich zum Weitergehen. Was es noch alles zu sehen gab in der Stadt.

Ich bin mir sicher, dass dieser Ölbaum – ewig soll er leben – einst in der Stadt stehen wird, von der Johannes in seiner Offenbarung (22,2) spricht: „Zwischen der Straße der Stadt und dem Strom, hüben und drüben, stehen Bäume des Lebens. Zwölfmal tragen sie Früchte, jeden Monat einmal; und die Blätter der Bäume dienen zur Heilung der Völker." Und vom Menschen sagt Johannes an der gleichen Stelle: „Er hat Anteil am Baum des Lebens und er wird durch die Tore in die Stadt eintreten können" (14).

Beim Durchschreiten des Löwentors fällt mir ein, dass mir mein Baum vom Garten Getsemani damit die letzten Sätze der Heiligen Schrift zugeflüstert hat. Unser Leben endet damit, dass wir ganz eins sein werden mit dem Baum des Lebens.

Ich drehe mich um und sehe noch einmal den alten Ölbaum jenseits der viel befahrenen Straße: „Versprochen ist versprochen", winken seine silbrigen Blätter mir zu. Wie gerne wäre ich zurückgegangen, um mich auf eine seiner knorrigen Wurzeln zu setzen und weiter mit ihm zu plaudern. Aber da waren der Zaun und die Menschen.

Es wird uns nicht gelingen, den Glauben handgreiflich zu machen

MACHTVOLL SCHALLTE UNSER GESANG durch die St. Anna-Kirche. Sie wurde im Jahre 1142 an der Stelle neben dem Teich Betesda erbaut. Hier vermutete man die Wohnung von Joachim und Anna. Ob die Großeltern von Jesus wirklich eine Stadtwohnung hatten?

Joachim und Anna sind nach dem Protoevangelium des Jakobus die Eltern Marias. Im 5. und 6. Jahrhundert werden ihre Namen in Marienlegenden weiterverbreitet. Ihr Kult kommt im Zusammenhang mit der wachsenden Marienverehrung im Spätmittelalter zur Blüte.

Das Protoevangelium entstand wahrscheinlich bereits gegen Ende des 1. Jahrhunderts, also nahezu zeitgleich mit den letzten Schriften des Neuen Testaments. Schon in der Frühkirche galt diese überaus populäre Schrift als umstritten. Auf volkstümliche Art malt es beispielsweise die Ereignisse um die Verkündigung des Engels an Maria aus.

Nach der Eroberung Jerusalems durch Sultan Saladin war die Kirche eine Koranschule. Unter Napoleon III. wurde St. Anna wieder eine Kirche. Im rechten Seitenschiff führt ein Abgang zu einer unterirdischen Grotte, wo die Geburtsstätte Marias, der Mutter Jesu von Nazaret, verehrt wird.

Die St. Annakirche ist mit ihrer wunderbaren Akustik wie geschaffen, um „Großer Gott wir loben dich ..." zu singen oder „Ein Haus voll Glorie schauet ..." Die verschiedenen Gruppen probieren hier ihre Gesangskünste aus. Auch wir versuchen uns mit einem „Salve Regina".

Ganz Jerusalem ist durchwoben von jüdischen, christlichen und moslemischen Legenden und Erzählungen. Wir machen uns gar nicht mehr die Mühe, sie zu sortieren. Wir hören, sehen und werden uns dabei der ewigen Sehnsucht des Menschen bewusst, wichtige Ereignisse an Orten festzumachen, um sie betreten oder berühren zu können. Wir möchten im wahren Wortsinn begreifen, mit Händen greifen oder in den Mund nehmen, so wie ein Kind beginnt, seine Welt kennen zu lernen.

Doch wird es uns nie gelingen, den Glauben handgreiflich zu machen, so wie es Thomas mit dem Auferstandenen versucht hat. Auch davon gilt es, Abschied zu nehmen. Der Glaube erwartet vor allem Nüchternheit.

Weniger dramatisch ist der Abschied von Übersetzungsfehlern, die in der Geschichte des Christentums ihre unverwechselbaren Spuren hinterlassen haben. Nach unserem machtvollen Gesang in St. Anna stehen wir an der Ausgrabungsstätte des Teichs Betesda und staunen über die Größenverhältnisse der einst fünfschiffigen Halle. Hier warteten die Kranken der Stadt auf ein wundersames Eingreifen des Himmels.

Wir lesen den Text bei Johannes: „Jesus sagte zu dem Gelähmten: Steh auf, nimm deine Bahre und geh! Sofort wurde der Mann gesund, nahm seine Bahre und ging. Dieser Tag war aber ein Sabbat. Da sagten die Juden zu dem Geheilten: Es ist Sabbat, du darfst deine Bahre nicht tragen" (Joh 5,8).

Die Pharisäer beanstanden das Bett. Pinchas Lapide, jüdischer Theologe und Religionswissenschaftler, weist darauf hin, dass es sich um einen Übersetzungsfehler handeln müsse. Die hebräische Schriftsprache kennt keine Vokale. Die drei verwendeten Konsonanten m-t-h können sowohl „mitta" (Bett), aber auch als „matte" (Stock) gelesen werden.

Die Tendenz der biblischen Geschichte wird klar: Jesus soll als Sabbatbrecher dargestellt werden. Heilungen sind auch in der jüdischen Überlieferung am Sabbat wie an Feiertagen ausdrücklich geboten. Dennoch bleibt offen, ob Jesus nun gesagt hat: „Nimm dein Bett und geh!" oder, was nach einer Heilung gar nicht so übel klingt: „Nimm deinen Stock und geh!"

Amüsanter ist der Abschied, den wir von einen anderen geflügelten Wort Jesu nehmen müssen. Eigentlich ist es schade: „Eher geht ein Kamel durch ein Nadelöhr, als dass ein Reicher in das Reich Gottes gelangt" (Mt 19,24).

Unser Religionslehrer musste geistliche Klimmzüge machen, um uns zu erklären, warum dennoch auch ein Reicher in den Himmel kommen könne. Flugs wurde das kleine Tor neben den großen Stadttoren zum Nadelöhr erklärt, durch das sich schon mal, wenn das große Tor zur Nachtzeit geschlossen ist, sogar ein Kamel durchzwängen kann. Die Treiber müssen allerdings kräftig ziehen und schieben.

Jesus zitiert – und hier liegt nichts anderes als ein Übersetzungsfehler vor – ein in seiner Heimat am See recht bekanntes Sprichwort: „Eher geht ein Schiffstau durch ein Nadelöhr, als ein Reicher in den Himmel kommt." Da braucht es nicht mehr so viel an Vorstellungskraft und umständliche Erklärungskünste. Ein dickes Seil und ein Nadelöhr, das kommt in der Welt der Fischer vor, ein Kamel schon weniger.

An die See und Fischfang erprobten Jünger wendet sich Jesus, als der reiche Jüngling die Frage stellt: „Was muss ich tun, um in das Reich Gottes zu kommen?" Er kann oder will dem Rat Jesu, alles hinter sich zu lassen und in die Nachfolge einzutreten, nicht folgen. Dann, so Jesus, wird es für ihn, den der Reichtum gefangen hält, so schwer, wie wenn ein Tau durch ein Nadelöhr gezogen werden soll. Wir sehen, was ein Übersetzungsfehler ausmacht. Da geht mehr als nur die Schlagkraft eines witzigen Wortes verloren.

Weit schwieriger wird für uns, wenn Anweisungen und Vorschriften aus der Antike ohne Bedenken in unsere Zeit und Gesellschaft übertragen werden. Geradezu verhängnisvolle Auswirkungen hatte für die Kirche ein Wort des Paulus an die Gemeinde von Korinth, die offensichtlich schon damals ein wenig fortschrittlicher dachte und vom Apostel auf Brauch und gute Sitte zurückgebracht werden sollte: „Wie es in allen Gemeinden der Heiligen üblich ist, sollen die Frauen in der Versammlung schweigen; es ist ihnen nicht gestattet zu reden. Sie sollen sich unterordnen, wie auch das Gesetz es fordert" (1 Kor 13,34f).

Damit wird den Männern die geistliche Kompetenz übertragen, obwohl schon zur Zeit des Paulus Frauen Gemeinden leiteten und der Eucharistie in ihren Häusern vorstanden. Paulus nennt etliche sogar mit Namen; er hat sie gekannt und vermutlich mit ihnen auch Gottesdienst gefeiert. Paulus selber hat offenbar nie einen solchen Hausgottesdienst geleitet. Seine Aufgabe war die Verkündigung.

Bis heute heißt es wegen dieses Wortes an die Gemeinde von Korinth in der Kirche: Männer ja, Frauen nein. Die Schriftgelehrten und Hohen Priester unserer Tage legen fest, was für alle Zeiten verbindlich sein soll. Es bleibt mehr als die Frage, ob eine Katholikin im 21. Jahrhundert sich immer noch so zu verhalten hat, wie es Paulus für die Frauen im ersten Jahrhundert – und dann nur für einen ganz bestimmten Kulturkreis – vorschreiben wollte.

Wir können nicht auf dem Stand von vor 2 000 Jahren bleiben. Die Welt hat sich weiterentwickelt, der Mensch mit ihr. Was zur Zeit Jesu ein Wunder gewesen wäre, ist heute eine Selbstverständlichkeit. Was die Apostel als unmöglich betrachtet hätten, gehört heute zu unserem Alltag.

Unser Glaube und damit auch unser christlich verantwortetes Leben kann sich nicht nur auf die Bibel berufen. Wie viel Leid und Unheil ist beispielsweise durch die Verurteilung der Homosexualität entstanden. Schwule Menschen wurden in den Tod getrieben; ihre Eltern in Verruf gebracht. Bis heute hält sich in der Kirche die schon seit Jahrzehnten überwundene Behauptung, Homosexualität sei eine Krankheit, die sich heilen lasse.

Unser Glaubensleben wird immer mitgeprägt durch die schrecklichen und unmenschlichen Erfahrungen der Geschichte, durch Blut und Tränen, die durch die Reformation und Gegenreformation vergossen wurden, durch die Französische wie durch die industrielle Revolution; wie durch den medizinischen Fortschritt, durch naturwissenschaftliche Erkenntnisse und das Weltgewissen, das sich zunehmend entwickelt. Das Lernen hört nie auf. Täglich werden uns neue Erfahrungen geschenkt.

Schon deswegen müssen wir Abschied davon nehmen, als könne die Bibel unbesehen und unkritisch immer und jederzeit als Richtschnur für das Leben Verwendung finden, noch weniger, wenn es um die staatliche Gesetzgebung geht. Die tragischen Folgen erleben wir – bis hin zum mörderischen Terror - wenn ein, zudem noch missverstandener Koran zum Gesetzbuch von Staaten oder zum Handbuch von revolutionären Gruppen entartet.

Keine Religion kann ihr Welt-, Menschen- und Gottesbild unveränderlich und für alle Zeiten formulieren und festschreiben. Wollte sie das, auch das lehrt die Geschichte, würde sie schnell autoritär und totalitär. Zumindest aus diesem Blickwinkel heraus ist das Christentum eine Religion wie jede andere auch.

Für mich bleibt ein großer Trost und damit kehre ich in die heilsamen Hallen des Teiches Betesda zurück. Hier begegne ich einem Jesus, der die Not eines Menschen sieht und hilft, ohne sein Handeln lange zu begründen und zu rechtfertigen. Er verantwortet selbst, was er aus der Liebe Gottes heraus tut. Der Mensch steht über dem Sabbat, über den Gesetzen einer Religion.

Die Heilung am Teich Betesda erinnert mich daran, dass „Arzt" der einzige Titel für Jesus ist. Um das Wirken Jesu zu kennzeichnen, verwendet die deutsche Sprache den Begriff „Heiland". In der Tat war nach den Evangelien die Tätigkeit Jesu, die am meisten auffiel und die Menschen in Bewegung setzen konnte, das Heilen. Leider wurde das deutsche Wort verkitscht, sodass es sich kaum mehr verwenden lässt.

Diese Aufgabe zu heilen übertrug Jesus jenen, die mit ihm gingen: „Er schickte die zwölf Jünger aus und gab ihnen diesen Auftrag: Geht hin und verkündigt: ‚Die Gottesherrschaft ist hereingebrochen. Heilt die Kranken, weckt die Toten auf, macht die Aussätzigen rein und treibt die Dämonen aus'."

In den frühchristlichen Jahrhunderten war der Zusammenhang zwischen Heil und Heiland noch klar. Die Kirchenväter kommen wiederholt auf Christus als den Arzt zu sprechen.

Unter dem Gleichnis vom barmherzigen Samariter wird für Augustinus die ganze Heilsgeschichte verdeutlicht: In dem zwischen Jerusalem und Jericho unter die Räuber gefallenen und halbtot liegengelassenen Mann sieht er Adam. In Adam erkennt Augustinus die von Gott entfremdete Menschheit. Der Mitleid mit den Menschen hatte, ist niemand anders als Christus der Arzt. Indem er Adam ärztlich versorgt, vollzieht er an ihm zugleich das Hauptgebot der christlichen Ethik: die Liebe. Sie allein kann die Menschheit retten.

Jesus
hat sich nicht geopfert,
er hat niemand
zum Opfer gemacht
und von keinem
Opfer gefordert

DORT WO DIE ZIONSSCHWESTERN, unweit des Löwentores, in der Nachbarschaft des Teichs Betesda und der St. Annakirche ihr Kloster gebaut haben, spannt sich der Ecce-Homo-Bogen über die enge Straße. Etliche Meter unter dem heutigen Stadtniveau können wir das Straßenpflaster aus der Zeit Jesu bestaunen.

Die politischen Verhältnisse in Palästina waren von der römischen Herrschaft geprägt. An der Stelle Gottes, dem allein das Königtum über Israel zukam, herrschte eine fremde Macht. Judäa wurde durch römische Prokuratoren regiert. Der Hohe Rat der Priester hatte wenigstens noch einige Selbstverwaltungsrechte, vor allem im religiösen Bereich.

In Galiläa, der unmittelbaren Heimat Jesu, herrschten die Söhne von Herodes des Großen, nämlich Antipas und Philippus als Kleinfürsten. Von der jüdischen Bevölkerung wurden sie nicht anerkannt.

Pontius Pilatus, der in der Geschichte Jesu die letzte und alles entscheidende Rolle spielt, war der fünfte Präfekt über Judäa, nachdem Kaiser Augustus im Jahre 6 n. Chr. aus dem Land eine römische Provinz gemacht hatte.

Die Amtszeit des Pilatus dauerte elf Jahre bis zu seiner Rückberufung nach Rom im Jahre 37 n. Chr. Pilatus entstammte dem Ritterstand und hatte bis zu seiner Ernennung zum Präfekten in einer Grenzlegion seinen Militärdienst geleistet. Der römische Statthalter besaß die Entscheidungsgewalt über alle Untertanen seiner Provinz.

In der Regel residierte Pilatus in Cäsarea, verlegte aber seinen Amtssitz während der großen jüdischen Feste nach Jerusalem, wo er als Zeichen seiner Souveränität auch den Richtstuhl aufstellen ließ. In seine zehnjährige Amtszeit fielen sowohl das Auftreten von Johannes dem Täufer wie auch das Wirken Jesu bis hin zu dessen Verurteilung und Hinrichtung.

Der jüdische Historiker Flavius Josephus beschrieb Pilatus als arroganten Verwalter, der für die religiösen Überzeugungen und den Nationalstolz der Juden keinerlei Verständnis aufbrachte. Häufig reagierte er dort mit besonderer Grausamkeit, wo er durch Widerstand und Aufruhr die römische Herrschaft gefährdet sah.

Gehen wir in Jerusalem da und dort in die Irre, hier bei den Zionsschwestern begegnet uns handgreiflich ein Stück jener Geschichte, die als der Kreuzweg Jesu bekannt ist. Die vierzehn biblischen und legendären Stationen haben längst in jeder katholischen Kirche einen bevorzugten Platz gefunden.

Ehrfürchtig berühren wir mit unseren Händen das Hochpflaster. Hier, im Hof der Burg Antonia, führte Pilatus Jesus den Priestern und Schriftgelehrten vor. Sie betrieben seinen Tod. Der Statthalter des Kaisers fand die berühmten Worte: „Seht, ein Mensch!"

Doch vor den Machthabern jener Zeit, wie bei den Mächtigen unserer Tage, bleibt das Menschenleben der Kleinen und Schwachen ohne Wert.

Ins Pflaster der Straße haben römische Soldaten die Vorlagen für ihre Würfelspiele eingeritzt. Sie vertrieben sich damit die Langeweile, bis wieder einmal über Tod und Leben entschieden war. Beim Tod Jesu werden sie nach den Worten der Schrift die Würfel sprechen lassen, wer seine Kleider bekommen soll.

Als ich das erste Mal in Jerusalem war, bin ich durch das Gewühl der Menschen, die sich in den Gassen des großen Basars drängten und stießen, die Via Dolorosa gegangen. Es war mühsam, die einzelnen Stationen zu finden, noch schwieriger war es, sie zu meditieren. Erst in der kleinen Kirche der Äthiopier auf dem Dach der Grabeskirche kam ich zur Ruhe.

Hier holte mich damals meine Kindheit ein. Ich saß direkt auf dem Hügel Golgota, auf jenem Berg, noch vor den Toren Jerusalems, auf dem Jesus starb – auch für meine Sünden gestorben war. Ich konnte und wollte es nicht begreifen, dass meine Sünden, selbst wenn einige dickere Brocken darunter gewesen waren, für Gott ausgereicht haben sollten, seinen Sohn auf so grausame Weise zu opfern. Für mich? Für alle Menschen?

Jedes Jahr haben uns die Religionslehrer das Gleiche um die Osterzeit eingehämmert und zur Beichte getrieben. Zum Glück war katholischerseits vor dem Konzil die Feier des Karfreitags weniger bedeutsam als bei den evangelischen Mitschülern. Aber ständig wurde der gewaltsame Tod Jesu mit der Feier der Messe und meinen Sünden verbunden: „Die unblutige Wiederholung des Kreuzesopfers“, wie es hieß.

Und selbst wenn die Pfarrer und Kapläne mal schwiegen, predigte über meinem Bett ein gekreuzigter Christus herab und machte mich für seinen frühen Tod verantwortlich.

Dieses Mal ging ich den Weg Jesu frei von den Gedanken des Sühne- und Sündopfers. Ich konnte einen ganz anderen Jesus durch das Gewirr der Gassen und das Geschrei der Händler begleiten. Einen Kumpanen, einen der mit mir Brot und Leben teilen wollte. Einen Menschen, der sein Leben hingab, um die Glaubwürdigkeit seiner Frohen Botschaft zu bezeugen.

Unsere Gruppe begleitete Jesus auf dem Weg zu seinem Richtplatz. Es war eine Hinrichtung, von außen gesehen aus politischen Motiven. Die eigentliche Ursache des Todes Jesu war sicher die Feindschaft der religiösen Klasse gegen einen, wie sie meinten, selbst ernannten Propheten, der das bisschen Macht und Einfluss, was der Priesterkaste noch geblieben war, in hohem Maß gefährdete.

Menschenopfer waren in dieser Zeit nirgendwo mehr üblich und ein „Opfer Jesu" wäre kaum verstanden worden, auch nicht von den Frauen und Männern, die Jesus bis unter das Kreuz begleiteten.

Ich gestehe, dass ich mit Paulus in erheblichen Konflikt gerate. Er war es vor allem und im Gegensatz zum Evangelisten Johannes, der die Opferbegründung für den gewaltsamen Tod Jesu geliefert hatte: Nur auf diese Weise konnte der durch die Sünden der Menschheit zutiefst beleidigte Gott versöhnt werden. Welch ein fragwürdiges Gottesbild.

Darüber erschrecke ich noch heute. In meinen ersten Priesterjahren habe ich in meinen Predigten genau so argumentiert und hinzugefügt, dass durch die Teilnahme an der unblutigen Feier des Messopfers auch die Teilhabe an der Erlösung gegeben sei. Predigten, die ich heute nicht mehr halten könnte.

Sein anderes, sein wirkliches Gesicht hat Gott schon in der biblischen Erzählung vom geplanten Opfer des Isaak durch dessen Vater Abraham gezeigt. Menschenopfer scheinen in der frühisraelischen Zeit üblich gewesen zu sein, wurden dann aber, wie diese Geschichte mit dem Eingreifen Gottes beweist, durch Tieropfer abgelöst.

Selbst die Tieropfer waren den Propheten zu viel. So zitiert Hosea Gott schon um die Mitte des 8. vorchristlichen Jahrhunderts: „Liebe will ich, nicht Schlachtopfer, Gotteserkenntnis statt Brandopfer" (Hos 6,6). Noch entschieden stärker drückt das der Prophet Amos aus: „Ich hasse eure Feste, ich verabscheue sie und kann eure Feiern nicht riechen. Wenn ihr mir Brandopfer darbringt, ich habe kein Gefallen an euren Gaben und eure fetten Heilsopfer will ich nicht sehen"(Am 5,22).

Israel hat seinen Gott als einen ganz anderen erfahren, als einen, der nichts mehr zwischen sich und den Menschen haben will. Gott ging es „um Recht tun, statt Opfer" (Spr 21,3) – und da sollte er bei seinem Sohn plötzlich anders handeln und ihn in den Tod schicken?

Mit der Rückkehr zum eigentlich überholten Opfergedanken ist die Kirche nicht nur zum Menschenopfer zurückgekehrt, das Gott nicht wollte und will. Das religiöse Leben der Menschen wurde mit einer Opfergesinnung zusammengebracht, gegen die nicht nur die Propheten, sondern auch Jesus leidenschaftlich noch gekämpft hatten.

Ich kann mir nicht vorstellen, dass Gott die Predigt seiner Propheten, sie verkündeten die Vergebung allein durch die Liebe Gottes, dass er das Lebenszeugnis seines Sohnes, der von seines Vaters bedingungsloser Liebe gesprochen hatte, widerrufen hätte. Wo läge auch der Sinn dafür?

Das alles und vielmehr müsste bei einer Pilgerfahrt wie dieser gesagt, das alles müsste an jedem Karfreitag entfaltet werden: Der Abschied von der Vorstellung eines Sühnetodes Jesu ist überfällig.

Jesus hat sich nicht geopfert, hat niemand zum Opfer gemacht, hat von keinem Opfer gefordert. Sicher ist die

Tempelreinigung, die Markus überliefert, nicht nur eine massive Kritik an der Geschäftemacherei im Tempel gewesen, sondern auch an der Opferpraxis.

Der Tempel wurde, wie es Jesus beklagt hat, nicht nur zu einer Räuberhöhle gemacht. Der Gestank des in der Hitze schnell verwesenden Opferblutes stieg nicht zum Himmel, er musste mit seinem bestialischen Gestank schlicht unerträglich gewesen sein.

Der vorgebliche Opfertod Jesu lässt die Liebe Gottes zur Karikatur verkommen. Nicht der Tod Jesu, seine Auferstehung ist das Wesentliche an der neuen Botschaft, die Gott durch das Evangelium Jesu ausrichten lässt. Hätte es die Auferstehung Jesu Christi nicht gegeben, nach seinem Tod hätte vermutlich niemand mehr von ihm geredet, auch nicht seine Jüngerinnen und Jünger. Die Enttäuschung wäre ganz einfach zu groß gewesen.

Warum musste Jesus aber sterben? Letztlich haben ihn Menschen umgebracht, weil er radikal zu seiner Botschaft der Liebe Gottes stand, weil er darauf bestand, dass sich nichts und niemand zwischen Gottes Liebe und den Menschen drängen kann, um Menschen in die alten Muster zu zwingen.

Diese Gedanken begleiteten uns auf dem Weg vom Ecce-Homo-Bogen bis auf den Golgotahügel. Stetig steigt die Via Dolorosa im Gewirr der Basarstraßen an. Alle orientalischen Düfte begleiten uns, das Geschrei der Händler, Musik aus den Boxen, das Gebetsgemurmel kleinerer Gruppen bis wir auf dem Dach der Grabeskirche bei den Äthiopiern etwas Ruhe finden.

Der Bau der ersten Grabeskirche begann im Jahre 326 auf Initiative Kaiser Konstantins. Die Kirche wurde an der Stätte eines römischen Tempels aus dem 2. Jahrhundert errichtet. Nach der Zerstörung der römischen Gebäude wurde hier eine Reihe von Felsengräbern gefunden. Eines der Gräber identifizierte man als das Grab des Joseph von Arimathäa.

Das Grundgestein um dieses Grab wurde abgetragen, sodass ein von der Umgebung isolierter, freistehender Felsen mit der Grabkammer im Inneren übrig blieb.

Nur wenig ist von dem ursprünglichen byzantinischen Bau erhalten. Die meisten Teile der heutigen Grabeskirche sind das Ergebnis des Wiederaufbaus unter den Kreuzfahrern im 12. Jahrhundert sowie späterer Renovierungsarbeiten. Die seit fast 50 Jahren laufenden Bauarbeiten der modernen Zeit sind jetzt fast abgeschlossen.

Der Osterglaube ist weder von einem leeren Grab noch von einer Kirche abhängig

VOR DEM BESUCH DER GRABESKIRCHE, die besser Auferstehungskirche heißen sollte, hatte ich unsere Gruppe gewarnt. Nicht nur wegen der ständigen Querelen und handfesten Streitigkeiten der fünf christlichen Konfessionen, die ihre Besitzansprüche auf das wichtigste Gotteshaus der Christenheit durchzusetzen versuchen. Nicht selten musste in der Vergangenheit die israelische Polizei eingreifen, um Gewalttätigkeiten der allzu frommen Christen zu beenden. Abgesehen davon, dass sich der Schlüssel zur Kirche seit Jahrhunderten in der Hand einer muslimischen Familie befindet.

Deswegen war die Kirche lange Zeit nicht im besten baulichen Zustand, auch wenn in den letzten Jahren große Fortschritte unverkennbar sind. Über dem Eingangsportal steht eine Leiter, offenbar an die Fensterfront zur Reinigung angelehnt. Seit drei Jahrzehnten steht sie dort, bei jedem Besuch fällt mein Blick darauf. Doch die Fenster blieben in all diesen Jahren ungeputzt. Ein Bild für die Kirche? Vieles bleibt liegen, ungereinigt.

Menschenmassen drängen in die Grabeskirche. Wohl keinem Museum der Welt ergeht es so brutal wie dieser Kirche. Tausende schieben sich schwatzend, essend, zumindest Kaugummi kauend durch die letzten fünf Stationen des Kreuzwegs Jesu: Jesus wird seiner Kleider beraubt – Jesus wird ans Kreuz genagelt – Jesus stirbt am Kreuz – Jesus wird tot in den Schoß der Mutter gelegt – Jesus wird ins Grab gelegt. Möglichst von allem ein Foto und dann weiter, dem Winken und dem Geschrei der Führer nach.

Im eigentlichen Grab Jesu sitzt kein Engel mehr. Zu unserem Erschrecken wacht dort mit einnehmender Hand ein griechisch-orthodoxer Mönch und drängt die Besucher zur Eile, damit möglichst viele in kürzester Zeit durch die enge Grabkammer geschleust werden. Auf der hinteren Seite der Grabkammer, die hoch in die Kuppel der Kirche hineinragt, haben sich die Armenier einen bescheidenen Anteil ergattert. Auch dort wacht ein Mönch, allerdings um einiges freundlicher, und er gibt, wenn er nimmt: ein Kreuzchen, ein Bild, eine Blüte.

Hier lässt sich kein „Christ ist erstanden" singen, geschweige denn ein „Halleluja". Nur ganz unten, in der Kapelle der Kaiserinmutter Helena, dort will sie das Kreuz Jesu Anfang des 4. Jahrhunderts gefunden haben, gibt es ein wenig Ruhe und Besinnlichkeit. Zeit für ein paar Gedanken; Zeit für ein Gebet.

Wir atmen erst wieder frei, als wir uns auf dem Platz vor der Grabeskirche sammeln. In diesem Augenblick ruft der Muezzin zum Gebet.

Elfmal wird Jesus, Isa auf Arabisch, im Koran als der Messias bezeichnet. Allerdings verstehen darunter die Muslime nicht das, was Christen mit diesem Titel verbinden.

Für den Islam ist Jesus ein Prophet, der letzte und wichtigste vor Mohammed.

Zweimal erzählt der Koran die Verkündigung der Geburt Jesu und seiner Empfängnis in Maria. Aus der besonderen Rolle Gabriels, den der Koran Geist nennt, und der Art, wie Maria Jesus empfängt, stammt ein koranischer Titel Jesu: „Geist von Gott".

Weil der Koran den Kreuzestod Jesu bestreitet, bleibt kein Raum für die Auferstehung Jesu Christi von den Toten.

Der Glaube an die menschliche Auferstehung ist im Koran weniger mit Hoffnung und Freude verbunden. Eher geht es um die Konfrontation des Menschen mit einem undurchschaubaren Gott. Im Tod kann der Mensch nicht seiner Verantwortung vor dem unerbittlichen Richter entrinnen.

Zum Glück ist unser Osterglaube nicht von einer Kirche oder einem leeren Grab abhängig, das ein geldgieriger Mönch besetzt hält. Wir glauben nicht, weil wir Beweise hätten oder weil es Ereignisse gibt, die das Unglaubliche glaubhaft machen könnten. Wir vertrauen dem Zeugnis von Frauen und Männern, die Jesus begegnet sind. Eine Begegnung, die ihr Leben völlig verändert hat.

Leider fehlt in Jerusalem die besinnliche Zeit, um alles zu bedenken, was uns im Zusammenhang mit der Auferstehung Jesu, dem Kern der Christusbotschaft bewegt.

Es beginnt ja schon damit, dass Jesus der Maria von Magdala begegnet, einer Frau, deren Aussage in der jüdischen Tradition nichts gilt. Mindestens zwei Männer müssten es eigentlich sein, um ein glaubwürdiges Zeugnis abzulegen. Jesus setzt sich ganz bewusst den Worten von „unglaubwürdigen" Frauen aus. Schon das müsste für die Kirche und für ihre Stellung zum Amt der Frau in der Kirche von größter Bedeutung sein. Doch davon sind wir weit entfernt.

Wir lesen bei allen Begegnungen mit dem Auferstandenen, dass die einst so mit Jesus vertrauten Menschen, ihn nicht erkennen. Es begegnet ihnen die Gestalt eines Menschen, aber sie können ihn nicht identifizieren. Sie erleben eine Person, die auf einmal da ist und dann wieder verschwindet, selbst bei verschlossenen Fenstern und Türen.

Zur Gewissheit kommt es bei den Frauen und Männern erst durch die Anrede und durch die vertrauten Gesten: wie Jesus das Brot bricht, wie er den Fisch reicht, welchen Ton seine Stimme hat. Offenbar gehört Jesus dieser unserer Welt nicht mehr so an wie vor seinem Tod. Jesus hat unsere Welt bereits hinter sich.

Die Jünger nennen diese Erfahrung Himmelfahrt. Sie haben es nicht wie spätere Zeiten nötig, auf dem Ölberg den Fußabtritt Jesu zu zeigen, die Stelle, von wo er „vor ihren Augen emporgehoben wurde, ihn eine Wolke aufnahm und ihn ihren Blicken entzog" (Apg 1,9).

Die Himmelfahrt beendet im Bild das irdische Leben im Gegensatz zu den in der Antike oft überlieferten Jenseitsreisen. Dennoch werden Christen auch nach 2000 Jahren noch erfahren und bekennen: Jesus ist mitten unter uns. Sie berufen sich auf sein Wort: „Wo zwei oder drei in meinem Namen versammelt sind, da bin ich mitten unter ihnen" (Mt 18,20).

Wir bleiben in Jerusalem ein wenig ratlos. Vielleicht kann sich der Glaube hier nicht heimisch fühlen. Wohl deswegen hat Jesus die Seinen aufgefordert, nachhause zu gehen und ihn in Galiläa zu erwarten. Erst in der Ruhe und Stille der vertrauten Umgebung, wurden sich die Jüngerinnen und Jünger der ganzen Wucht der Ereignisse bewusst. Die Erfahrung der Auferstehung wurde für sie zur überwältigenden Wirklichkeit, die sie im gemeinsamen Essen von Brot und Fisch zum Ausdruck brachten.

Wie durch ein Brennglas sahen, erkannten und deuteten sie die Ereignisse der zurückliegenden Zeit. In diesem Blick nach rückwärts sind die Evangelien entstanden. Jedes Wort, jedes Ereignis, jedes Gleichnis lebt aus dem Glauben: Er ist auferstanden.

Das leere Grab spielt in diesem Rückblick keine Rolle. Für uns im 3. nachchristlichen Jahrtausend muss der Blick vorwärtsgerichtet sein. Bis zum heutigen Tag mussten Christen lernen, und dieser Prozess darf nicht aufhören, dass der eine Jesus Christus unter vielerlei Gestalt auftritt, viele Gesichter haben kann und muss, je nach der religiösen und kulturellen Herkunft derer, die ihm folgen wollen.

So musste Jesus für die seit Jahrhunderten unterdrückten Völker Lateinamerikas geradezu zum revolutionären Befreier werden. Die ausgebeuteten Indios konnten das Evangelium gar nicht anders lesen oder sie hätten es verwerfen müssen.

Für die Menschen in Indien muss er zum Guru werden, der die Innerlichkeit pflegt; für Chinesen der Weisheitslehrer, der die größere Gerechtigkeit einfordert. Für Kranke wurde er zum Arzt. Für Gescheiterte die letzte Zuflucht.

Wir kehren noch einmal in die Grabeskirche zurück. Jetzt am frühen Abend, kurz bevor die Tore geschlossen werden, ist die Kirche fast menschenleer. Der Mönch hat die Grabkammer verlassen; ein Franziskaner in brauner Kutte wischt den katholischen Anteil an der Kirche; die Äthiopier, seit jeher auf das Dach des Gotteshauses verbannt, singen mit brüchigen Stimmen, ihre kleine Mönchsgemeinde ist hoffnungslos überaltert, die Vesper.

Bilder einer Christenheit steigen vor uns auf, die nach wie vor zerstritten ist, wie sich das in der Grabeskirche symbolisiert. Immer dann, wenn die „Wahrheit" die Stelle Gottes einnimmt, musste für sie gekämpft werden und wird für sie gestritten. Was Jesus dazu sagt, fragt sich offenbar keiner.

Beten
bedeutet nicht,
Gott
darüber aufzuklären,
was wir nötig haben

ES GIBT ORTE, an denen überkommt uns das Gefühl, nichts sagen und nichts erklären zu müssen. Es gibt Orte und Räume, die sprechen für sich selbst. Die Vergangenheit hält mit der Gegenwart Schritt und scheut sich nicht vor der Zukunft. Die Wüste ist ein solcher geheimnisvoller Ort.

Gewiss: Wir haben nur einen Hauch der judäischen Wüste erlebt. Ein paar Schritte hinein und das nur für wenige Stunden. Doch manchmal genügt ein spiritueller Atemzug, um einen ganz zu erfüllen, bis in die tiefsten Tiefen. Dafür halten die Stille und die Einsamkeit die nötige Energie bereit.

Da waren noch einige Beduinen. Eher scheu und staunend über den unerwarteten Einbruch der Welt in ihren Bereich. Wie sie gekommen waren, hatte sie der Sand wieder verschluckt. Zwei Kamele ganz in der Ferne sind ein Beweis, dass die Wüste lebt.

Die Fauna der judäischen Wüste ist vielfältig und einzigartig. Wegen der Abgeschiedenheit dieses Landstrichs konnten Tiger, Steinbock und Adler hier überleben, trotz der Nähe zu den Menschen und ihrer Zivilisation.

Die Wüste ist nicht nur der Platz für wilde Tiere; sie ist der Platz der Propheten und der Visionen. Jesus muss diese Landschaft zwischen Jerusalem und Jericho sehr geliebt haben. Hierher verlegt er seine schönste Geschichte, die vom barmherzigen Samariter. So glaubhaft war diese Erzählung, dass seither Generationen an der Straße – jetzt wieder ganz neu – ein Gasthaus zum barmherzigen Samariter gebaut haben.

Sechs Berliner Zimmerleute sind 1888 die Gründerväter des Arbeiter-Samariter-Bundes gewesen. Ihr soziales Engagement für die benachteiligte Klasse fand ein verständliches Wort für ihr Tun. Damit sind sie der Bibel in ihrer sozialistisch geprägten Welt viel näher. Näher und einprägsamer als Worte wie Caritas oder Diakonie es ausdrücken können.

Samariter, das steht für einen Menschen, der zur rechten Zeit das Richtige tut; Vorbild für Notfalldienste und Seelsorge bis zum heutigen Tag: Der Mensch will in seiner Not gefunden, versorgt und nicht allein gelassen werden. Die Dreifingerbotschaft Jesu für alle Zeiten.

Doch zurück in die Wüste. Wer einmal Energie ausstrahlen will, muss vorher sammeln und seine Kräfte bündeln. Das geschieht in der Meditation. Erst daraus kann die Aktion folgen, sonst bleibt alles Tun an der Oberfläche. Zärtlichkeit und Kraft nennt Leonardo Boff diesen spirituellen Vorgang, der in der Wüste beginnt.

Jesus geht 40 Tage in die Wüste. Die Schrift schweigt über diese Zeit, weil es nichts zu beschreiben gibt. Die Wüste muss jeder in der Auseinandersetzung mit sich selbst bewältigen. Erst das Ende der Einsamkeit wird in der Versuchungsgeschichte beschrieben: Jesus ist Herr über die Mächte der Finsternis.

Es sind die drei großen Versuchungen, die wohl jeden Menschen überfallen: die Gier nach Nahrung, nach Ansehen und Macht. Gegen alle drei Versuchungen hilft die Gelassenheit, die nur durch Loslassen gewonnen wird.

Die Kraft einer Religion hängt davon ab, was sie gesammelt hat. Jesus kam in der Wüste zu seinem Selbstverständnis. Weder Hunger noch Durst, nicht der große Versucher konnten ihm von diesem Zeitpunkt an etwas anhaben. Mit der Energie dieser Speise, ausgedrückt in der kürzesten denkbaren Formel „Ich bin“, konnte er seinen Weg antreten.

Hier in der Wüste sollte man sich hinsetzen, Jesus begegnen und lauschen, was er zu sagen hat. Wir können uns zu jeder Zeit des Lebens aufmachen und in unsere Wüste gehen. Zu meditieren. Darauf zu achten, was uns anvertraut wird. Meditation ist so einfach und so schwer wie die Wüste. Sitzen, Schweigen, Atmen, Schauen, Staunen. Für alles Danken.

Mehr braucht es nicht. Keine feierlichen Rituale; wozu auch in der Wüste? Es gibt nicht mehr die Notwendigkeit, mit Gott zu hadern oder um Dinge zu feilschen, die man unbedingt haben möchte. Die Wüste lehrt, dass der Mensch nur sehr wenig nötig hat. Es braucht keine Techniken, die den Muskeln Schmerzen und den Knochen Schwierigkeiten bereiten. Es braucht, wie gesagt, nur die Bereitschaft, loszulassen.

Inzwischen schauen wir von einem erhöhten Punkt in das Wadi Kelt hinunter und entdecken, an eine mächtige Felswand geklebt, das St. Georgskloster. Kreuze auf allen Hügeln ringsum verwehren den bösen Geistern Zutritt zu dem seit fünfzehn Jahrhunderten geheiligten Areal.

Der Klosterkomplex erstreckt sich über drei Ebenen und besteht aus mehreren Kirchen und den Wohnräumen der wenigen Mönche, die hier noch leben.

Die Wüste hat in den ersten christlichen Jahrhunderten zahlreiche Einsiedler angezogen, die einzeln oder in festen Gruppen ein einfaches Leben führten.

Täler waren in alter Zeit die natürlichen Wege zwischen einzelnen Ortschaften. So bildet das tief eingeschnittene, 28 Kilometer lange Wadi Kelt, in das wir bald hinabsteigen werden, die Verbindung zwischen Jerusalem und Jericho. Es müsste der Weg sein, den Jesus im Gleichnis vom barmherzigen Samariter meint.

Doch so leicht, wie wir manchmal meinen, lässt sich unser Geist nicht auf die Wüste ein. Die Gedanken vagabundieren und bringen uns ständig in die laute Stadt, in unsere Pläne und Unternehmungen zurück. Vierzig Tage, eine lange Zeit braucht es schon, bis die Wüste in uns zu leben beginnt. Auch die Wüstenväter hatten ihre liebe Not mit Ängsten, Sehnsüchten und erotischen Phantasien. Die Vergangenheit holt uns ein, wenn wir auf Stimmen hören und uns Stimmungen überlassen.

Wir haben alle unsere Lieblingsängste. Es dauert seine Zeit, bis wir sie der Wüste überlassen können. Selbst dann noch werden sie unsere Reisegefährten bleiben, täuschen wir uns nicht. Aber wenn wir sie benannt haben, können sie uns nicht mehr schaden; eine Last bleiben sie allemal.

Hinab in das Tal. Ein Kelt, die Quelle, ist eine der Lebensadern Jerichos. Wir überqueren ihren eiligen Lauf, als warteten die Menschen eine Wegstunde abwärts sehnsüchtig auf ihr frisches Wasser. Ein wenig von diesem springlebendigen Wasser haben sich die Mönche abgeleitet. Sie begrüßen uns Pilger schweigend mit dieser kühlen Köstlichkeit. Wasser in der Wüste, das ist das größte Geschenk, das es gibt.

Dieses lebendige Wasser braucht die Kirche. Die Wiederentdeckung der Wüste ist die Quelle für die Erneuerung des Christentums. Die Wüste führt zur Meditation, die allein die Kraft hat, die Kirche aus ihrer Krise herauszuführen.

Die Menschen fangen an zu begreifen, dass sie Jesus in der Einsamkeit lauschen müssen, um zu hören, wer er für unsere Zeit ist. Dazu müssen wir an die Wurzeln zurück, die längst durch Traditionen überwuchert und verdeckt sind. Das Uralte muss als das ganz Neue entdeckt werden.

Das Abtauchen in die Tiefe bedeutet tieferes, intensiveres Gebet. An der Qualität des Gebets zeigt es sich, ob eine Religion gesund ist. Eine Religion, die sehr viele Worte machen muss, kann nicht gesund sein, sie kann nicht heilen. Eine Religion, die Worte vorschreibt, wird selten den rechten Ton treffen.

Jesus rät, bevor er den Seinen das Vaterunser lehrt: „Wenn ihr betet, sollt ihr nicht plappern wie die Heiden, die meinen, sie werden nur erhört, wenn sie viele Worte machen" (Mt 6,7).

Das Vaterunser ist durch die mechanische Wiederholung bei jeder Gelegenheit in der Gefahr, zu einer leblosen Formel zu verkommen. Simone Weil entdeckte beim Beten des Vaterunser, dass es Aufmerksamkeit und Wachsamkeit erfordert, wenn es wirksam werden soll.

Beten bedeutet ja nicht, Gott aufzuklären, was wir nötig haben, uns wünschen oder ersehnen. Auch nicht ihn zu bitten, er möge sich dieses oder jenes mit uns doch noch einmal anders überlegen. Ein solches Gebetsverhalten führt in die Enttäuschung, in den Unglauben oder in die Neurose, die nur noch häufiger und intensiver um etwas beten lässt, die das Reden mit Gott zum Betteln macht. Im Gebet geht es um unsere Beziehung zu Gott und den Nächsten. Wenn wir denen nicht vergeben, die an uns schuldig geworden sind, werden wir nie von der Angst befreit sein, Gott werde uns für unsere Sünden bestrafen. Wenn wir das tägliche Brot für uns erbitten, können wir es anderen nicht verweigern. Die wenigen Sätze des Vaterunser haben Konsequenzen oder das Gebet wäre ein leeres Geplapper.

Die Wüste bringt es auf den Punkt: Wer sich auf der Umlaufbahn um sich selbst befindet, wird nicht überleben. Wenn das Gebet den Betenden nicht verändert, war es kein Gebet. Es geht nicht darum, zu Gott zu sprechen, sondern ihm zuzuhören, um zu hören, was er von uns erwartet.

Wie entsteht Wüste mitten im Alltag? Ganz einfach. Wir schalten die Klingel ab, das Telefon, den Fernseher, das Handy, das Radio, den Computer und die Stereoanlage – was es da schon loszulassen gilt! – wir verschließen die Türe, öffnen das Fenster. Dann setzen wir uns in unsere Wüste, betreten unseren inneren Raum, atmen ruhig und gelassen ... und warten. Jeden Tag für eine Viertelstunde. Wir warten und spüren, was geschieht, weil die Wüste um uns wächst.

Allmählich dehnt sich die Freiheit der Wüste in uns und um uns aus. Doch täuschen wir uns nicht: Es dauert seine Zeit, bis wir ganz tief in unserer Wüste sind, und bis wir sie so ertragen können, dass sie uns trägt.

Bei unserer täglichen Reise in unsere Wüste geht es um das Wachwerden für das Heute, das Jetzt. Wir befreien uns von der Last der Vergangenheit und lassen den Sorgen für das Kommende keinen Raum.

Schwer atmend tauchen wir aus der Tiefe und dem milden Schatten des Wadi Kelt nach geraumer Zeit wieder auf. Hoffentlich haben wir unterwegs unsere Lektion gelernt.

Die Bibel
spricht
von der Erfahrung
jener Menschen,
die ganz unten waren

BYPASS-STRASSE NENNEN DIE ISRAELIS die Umgehung von Jericho. Die blühende Oase ist wie Bethlehem zu einem großen Gefängnis geworden. Wir bestehen auf einem, wenn auch kurzen Besuch und atmen die Beklemmung der Bewohner. Für uns müssen allerdings nicht erst Mauern zum Einfallen gebracht werden, bis wir in die Stadt hineinkommen. Zwei Checkpoints, und dann haben wir es geschafft.

Als Josua mit dem Volk vor Jericho lagerte – das war vor gut 3 000 Jahren – sah er nur einen großen Trümmerhaufen. Keine stolzen, unüberwindlichen Mauern, gegen die hätten Trompeten eingesetzt werden müssen.

In der Religion und Mythologie spricht man von einer Ätiologie (Ursachengeschichte), wenn eine Erzählung über Vorgänge der Vergangenheit den Zustand in der Gegenwart begründen soll. So ist etwa in der biblischen Schöpfungsgeschichte Gottes Ausruhen am siebten Tag eine Begründung für die Sabbatruhe.

Die Bibel überliefert in der Form einer Geschichte die Stelle, an der das Volk Israel bei seinem Zug aus der Wüste ins Gelobte Land vorbeikam. Solche Geschichten waren wie spirituelle Landkarten. Sie prägten sich dem Gedächtnis der Generationen ein.

Wir blickten auf die sehr bescheidenen Reste jener ältesten ausgegrabenen Stadt der Welt. Die Stimmung war beklommen; wir fühlten uns wie in einem Gefängnis, aus dem wir im Gegensatz zu den Palästinensern jederzeit wieder herausfahren können.

Ähnlich mussten die Kundschafter sich gefühlt haben, die Josua – nach der Weggeschichte (Jos 2) – ausgesandt hatte. Sie waren auf der Flucht vor der Ortspolizei im Haus der Dirne Rahab untergeschlüpft. Auf dem Dachboden hatte sie die zwei Männer versteckt und ihnen dann am roten Seil – nichts anderes als die rote Laterne bei den Liebesgeschäftsstellen unserer Tage – zur Flucht über die Stadtmauer verholfen.

Interessant, dass ausgerechnet diese Frau in den Stammbaum Jesu gerät und das Zeichen eines „öffentlichen Hauses" zum Symbol ihrer Rettung und der Rettung der ganzen Familie wird. So gottfern kann (selbst käufliche) Erotik also gar nicht sein, wie das die gestrengen Moralisten der Kirche ständig behaupten!

Dieser Gedankensplitter fällt mir in diesem Moment ein, als wir unseren Blick vom Stadthügel aus auf den Berg der Versuchung richten. Hier wird die dreifache Versuchung Jesu lokalisiert. Unsere Kirche ist diesen Versuchungen bis zum heutigen Tag erlegen. Vor allem der Versuchung, Macht über die Menschen auszuüben und Ansehen in der Welt zu haben, ist sie erlegen. Sie kam kaum auf den Gedanken, aus Steinen Brot zu machen.

Eher gibt sie, wie eine schlechte Mutter, ihren Kindern unverdauliche Steine zu essen. „... Ist einer unter euch, der seinem Sohn einen Stein gibt, wenn er um Brot bittet?“ (Mt 7,9), fragt Jesus noch heute, weil er dieses Verhalten, wie die Kirche mit ihren Kindern umgeht, für unmöglich hält.

Der Maulbeerfeigenbaum in der Ortsmitte, er hat sicher ein paar Jahrhunderte auf dem Buckel, aber Jesus nicht gesehen, erzählt eine andere Weggeschichte. Die Geschichte des kleinen Mannes. Oder sagen wir, die Geschichte eines Zukurzgekommenen, trotz des Geldes, das er hat.

Wer zu Jesus will, braucht keine Zwischeninstanz. Allerdings muss man zuvor vom hohen Ross oder vom Maulbeerfeigenbaum herabsteigen. Es mag sein, dass die Kirche sich zu sehr als Vermittlerin missversteht und deswegen das Evangelium nicht als froh machende Botschaft ankommen lässt.

Ich betrachte den stattlichen Baum, während die Reiseteilnehmer versuchen, ihn digital zu vermessen.

Bin ich nicht selber über (zu) viele Jahre Menschen skeptisch begegnet, die nicht in der Kirche waren oder irgendwann ausgetreten sind, meist wegen persönlicher Enttäuschung oder Verbitterung? Also: runter vom Baum des Zachäus auf die Menschen zu. Auf Augenhöhe gehen, das ist die Praxis Jesu. Als ich die Einstellung endlich gelernt hatte, fiel mir nicht nur die Karriere nach unten leicht. Es wurden mir wunderbare Begegnungen und Erfahrungen mit „Außenseitern“ geschenkt.

Der größte Teil der Bibel, das muss mir jetzt einfallen!, wurde von Menschen geschrieben, die arm, versklavt und ohne Stimme waren. Ihre Stimme hat überlebt, doch die Sklavenjäger sind vergessen. Wer die Bibel neu lesen und richtig verstehen will, muss sie mit den Augen eines Knechtes, einer Frau, eines Blinden, eines Hungernden, eines Kranken lesen.

Die Bibel kommt nicht aus dem Himmel herab. Sie ist die Erzählung von der Gotteserfahrung so vieler Menschen, die ganz unten waren. Sie ist weder aus der Sicht von Produzenten geschrieben, noch von Menschen, die allzu viel zum Konsumieren hatten. Hartz IV-Leute, denen es geradeso zum Leben reicht und oft nicht einmal das, würden heute an der Bibel schreiben; sie würden sie noch einmal ganz anders schreiben.

Unser Busfahrer, ein Palästinenser drängt: heraus aus Jericho; vorbei an dem von den Israelis gesprengten Gefängnis. Ach, wenn wenigstens das ein Symbol der Freiheit sein könnte. Ist es aber nicht. Also fahren wir weiter und suchen noch einmal die Straße der Barmherzigkeit zwischen Jerusalem und Jericho.

Wo die Politik versagt, müssen die einfachen Menschen Zeichen setzen

WAS IST DAS FÜR EINE POLITIK, die Mauern braucht? Das fragen sich die Heilig-Land-Pilger, wenn sie zum ersten Male betroffen vor der 8 bis 12 Meter hohen Betonabsperrung zwischen Jerusalem und Bethlehem stehen. Jeden Tag wächst diese unsägliche Mauer weiter; sie wächst auch in den Köpfen und Herzen der Palästinenser, der Israelis und der arabischen Welt. Mit der Mauer wächst der Hass.

Mit der Mauer wächst die Gewalt. Auf einer Karikatur ist auf dem öden Beton zu lesen: „Geburtsstätte des Terrorismus“. Das ist die Wahrheit. Auf der Israel zugewandten Seite steht der vom Tourismusministerium angebrachte Wunsch: „Friede sei mit dir“ und wirkt wie ein blanker Spott. Längst sind die Plakate zum Jubiläumsjahr 2000 mit seinen großen, unerfüllten Erwartungen und der Aufschrift „Bethlehem, Stadt des Friedens“ verblasst.

Bewusst hat sich unsere Pilgergruppe nach fünf friedlichen Tagen in Galiläa für fünf Nächte auf die Seite der christlichen Palästinenser geschlagen, die als bescheidene Minderheit in der Gefahr sind, zwischen Muslimen und Israelis zerrieben zu werden. Fünf Tage sind Zeit genug, um in Begegnungen die ganze Not der Christen zu erleben und durch die schikanöse Behandlung an der monströsen Sperrmauer, die die Berliner Mauer in den Schatten stellt, eigene Erfahrungen zu machen.

Es ist ein Skandal, dass Christen im Heiligen Land so wenig Unterstützung erfahren. Sogar für christliche Pilgergruppen ist meist nur ein Zweistundentakt für Bethlehem vorgesehen, ohne jede Möglichkeit durch ein gemeinsames Essen oder Einkäufe bei den Holzschnitzern die Bevölkerung vor weiterer Verelendung zu bewahren.

Übernachtungen in Bethlehem sollten wieder genauso selbstverständlich werden, wie ein Besuch im Caritas-Babyhospital, dem einzigen Krankenhaus für eine halbe Million palästinensischer Kinder. Auch weitere christliche Initiativen, zum Beispiel die „Oase" für schwer behinderte Menschen, die Aktion „Scherbenengel" des evangelischen Pfarrers Mitri Raheb und die Salesianerbäckerei, die Brot an Bedürftige verschenkt, warten auf die Zeichen der Solidarität.

Als sich unsere Gruppe in Bet Jala, im Haus der Friedensaktivistin und Christin Faten Mukarter bei einem arabischen Abendessen über das Leben zwischen den Mauern informieren ließ, wurden wir durch einen Militäreinsatz noch vor dem Abschiedskaffee vertrieben. Das ganze Wohnviertel war mit Schwerbewaffneten umstellt. Wir fragten nicht lange warum, und machten uns davon.

Totale Überwachung, Militäraktionen beim geringsten Anlass, Missachtung primitivster Menschenrechte: genau das ist es, was der Terrorismus erreichen will. Was oft genug in der Presse als palästinensische Aggression verkauft wird, ist meist die trotzige Reaktion auf Willkür und Gewalt. Welche Perspektiven haben eigentlich Menschen, die seit 1948, also in der 3. Generation im Flüchtlingslager leben müssen? Hier werden die Selbstmordattentäter geboren.

Wo sind die Zukunftsaussichten für Menschen, die keinen Staat, keine eigene Währung, keine Krankenversicherung, Altersversorgung oder Arbeit haben? Für die Palästinenser und die ganze arabische Welt erscheint Israel als einzige Demokratie im Nahen und Mittleren Osten keinesfalls als attraktives Beispiel.

Ein israelischer Friedensaktivist, also ein unverdächtiger Zeuge, zählt einige Dutzend verpasster Möglichkeiten für einen dauerhaften Frieden auf und schlussfolgert: „Wir werden auf immer mit dem Schwert leben müssen." Seine Ahnung erfüllt sich schon jetzt auf blutige Weise.

Die „Sperranlage" ist das größte Bauwerk in der Geschichte Israels geworden. Die Kosten für die „Israelische Mauer" sind immens. Sie werden rund 2,5 Milliarden Dollar betragen und fehlen bereits jetzt den sozial Schwachen des Landes. Die Armen bezahlen diesen fragwürdigen Schutz vor Terror. Nach Fertigstellung wird die Sperranlage 750 Kilometer lang sein und damit doppelt so lang wie die Grenze zwischen Israel und der Westbank.

Zur Mauer kommen alle drei Meter eingegrabene Detektoren, die auf den Druck eines menschlichen Körpers reagieren. Dazu selbstverständlich eine lückenlose Videoüberwachung, wie wir sie übrigens in der Altstadt Jerusalems gesehen haben, Wärmemessgeräte und eine neue Art von Stacheldraht. Wachtürme, Panzerstraßen und Gräben ergänzen das aufwändige Sperrsystem.

Von den 22 % des ehemaligen Mandatsgebiets Palästina, das für einen Palästinenserstaat vorgesehen ist (die anderen 78 % sind bereits israelisches Staatsgebiet), stehlen die Mauer und mehr als 200 israelische Siedlungen weiter

Land. Das vielfache Unrecht bewirkt nicht mehr Sicherheit, sondern mehr Hass.

Wenn die Politik versagt, müssen die einfachen Pilger Zeichen setzen. Jetzt ist es wichtiger denn je, das Heilige Land zu besuchen, mit offenen Augen und auf beiden Seiten der Mauer. Jesus käme heute sicherlich als Palästinenser auf die Welt. Wer wollte ihn da nicht besuchen, trotz der Mauer und der Schikanen?

Dieser „andere" Reisebericht wäre nicht vollständig, wollte er nicht abschließend feststellen, dass der Zwiespalt zwischen Gewissen und Gewalt quer durch die israelische Gesellschaft geht. Die schärfsten Kritiker der „Friedenspolitik" Israels sitzen im eigenen Land. Wer Unterdrückung und Gewalt am eigenen Leib erlitten hat, sollte sensibel sein, wenn neue Unterdrückung, Gewalt und Terror im Namen der Demokratie ausgeübt wird.

Für uns in der besonderen Verbundenheit mit Israel bleibt die große Sorge bestehen, dass mit der andauernden Diskriminierung und Unterdrückung der Palästinenser der hohe Anspruch Israels für einen dauerhaften Frieden zu sorgen, verraten wird. Das hat tragische Auswirkungen auf die gesamte arabische Welt und den Westen.

Kleine Friedenslitanei

Wenn Brot aus den Kanonen schießt
und Hass in ein Museum kommt,
dann ist Frieden.
Wenn die Soldaten Bäume pflanzen
und Terroristen Wasser bringen,
dann ist Frieden.
Wenn die Christen Allah sagen,
Muslime der Gewalt abschwören,
dann ist Frieden.
Wenn auf Bunkern Weizen wächst,
in Schützengräben Frösche quaken,
dann ist Frieden.
Wenn der Grenzzaun Rosen trägt
und die Mauern Türen haben,
dann ist Frieden.

Lasst uns vom Frieden träumen.
Wenn viele träumen,
wenn alle träumen,
wird er wahr – der schöne Traum.

Aus unserem Verlags**programm**

In seinem Roman „Passionsblumen“ gewährt der Schweinfurter Seelsorger und Autor Roland Breitenbach einen Einblick in die Lebenssituation eines Jesusdarstellers in einem Passionsspiel. Seine besondere Rolle bringt ihn in den Konflikt mit seiner Familie, der sich durch sein außereheliches Liebesverhältnis noch verstärkt.
Zugleich verknüpft sich der Weg Jesu vom See Genesaret bis nach Jerusalem mit dem Schicksal biblischer Gestalten, das wieder mit den Menschen im Passionsspiel verknüpft wird.
„Jede Rolle in einem Passionsspiel könnte ich mir vorstellen“, sagt der Autor von sich selbst. „Von Pilatus über Herodes bis zum Judas. Aber Jesus, den könnte ich nicht spielen.“
Um so spannender wird die Frage, wie sich die Konflikte lösen, die ja auch zum Alltag des Seelsorgers Breitenbach gehören. Wer zu diesem Buch greift, wird es erst dann aus der Hand legen, wenn Marco als Jesus am Kreuz den Schrei des Todes ausstößt: „Es ist vollbracht!“

Roland Breitenbach | **Passionsblumen** | Das Spiel eines Lebens

Reimund **Maier** Verlag | 978-3-926300-39-3 | Broschur | 208 Seiten

Auch sechzehn Jahre nach dem ersten Erscheinen dieses nunmehr in der 18. Auflage vorliegenden „Zukunfts“-Romans ist die Kraft des „kleinen Bischofs“ ungebrochen. Auch wenn sich seine Visionen (noch) nicht erfüllt haben, wird die Hoffnung auf Veränderung und Wandel bestärkt.

Der Priestermangel nimmt in Europa dramatische Ausmaße an. Für die Weitergabe des Glaubens sind Frauen und Männer gefragt, die in den Gemeinden Verantwortung übernehmen. Sie alle können aus diesem Roman Kraft, Zuversicht und neue Hoffnung schöpfen.

Der „kleine Bischof“, der in einer bescheidenen Mietwohnung wie ein Durchschnittsbürger lebt, hat den unmittelbaren Kontakt zu Gläubigen und Ungläubigen, zu Gescheiterten und Hoffenden, zu Ausgeschlossenen und Quereinsteigern. Wie er die alten Wahrheiten des Evangeliums in einer verständlichen Sprache verkündet, so lebt der „kleine Bischof“ überzeugend die Botschaft des Jesus von Nazaret für die Menschen im neuen Jahrtausend.

Im Anhang finden sich Originalbriefe an den „kleinen Bischof“, die er im Geist des Evangeliums beantwortet, sowie Predigten, die der Bischof bei verschiedenen Anlässen gehalten hat. Für die ansprechende Illustration sorgte der bekannte Karikaturist Jules Stauber.

Roland Breitenbach | **Der kleine Bischof** | Roman-Briefe-Predigten

Reimund **Maier** Verlag | 978-3-926300-47-8 | Hardcover | 304 Seiten

Reimund **Maier** Verlag
Lüderitzstraße 5 | 97422 Schweinfurt | Tel. (0 97 21) 78 38-0 | Fax 78 38-20